LEO BIGGER
HALLO ZUKUNFT

LERNE LEBEN WIE MOSE

BRUNNEN
VERLAG BASEL · GIESSEN

Bibliografische Information der Deutschen Bibliothek
Die Deutsche Bibliothek verzeichnet diese Publikation in der Deutschen National-
bibliografie; detaillierte bibliografische Daten sind im Internet über http://dnb.ddb.de
abrufbar.

Die Bibelstellen sind, soweit nicht anders angegeben,
der revidierten Hoffnung für alle (2002) entnommen.

Mitarbeit und
Ghostwriting: Nicu Bachmann

© 2010 by Brunnen Verlag Basel und
ICF Media GmbH, Zürich

Gestaltung: Johannes Hoffmann, ICF Zürich
Foto Umschlag: 7868473 ©iStockphoto.com/SensorSpot
Satz: InnoSET AG, Basel
Druck: AALEXX Buchproduktion, Großburgwedel
                 Printed in Germany

ISBN 978-3-7655-1457-9

HALLO ZUKUNFT

Vorwort	7
1. Ergreife deine Zukunft	11
2. Nutze die Kraft der Leidenschaft	27
3. Überwinde deine Zweifel	43
4. Lerne Demut	57
5. Lebe deinen Glauben	71
6. Vergrössere Gott	83
7. Überwinde deine Enttäuschungen	97
8. Werde Manager	113
9. Gib nie auf	129
10. Träume wieder	143

VORWORT

«Du bist deine Zukunft!»

In diesem Satz kommen Verheißung, Freude und Verantwortung zugleich zum Ausdruck. Er behauptet, dass wir mehr sind als das, was wir sehen und aktuell erleben; das ist die Verheißung. Glücklich und freudvoll werden wir leben in dem Maße, wie wir unser Potenzial umsetzen, und es liegt an uns – in unserer Verantwortung –, die entsprechenden Schritte zu tun. Sowohl Gott als auch wir selbst werden uns früher oder später an den uns gegebenen Möglichkeiten messen.

Genau dies ist der Grund, weshalb Mose und sein Leben hochaktuell sind. Exemplarisch führt er sich und sein Volk aus der Sklaverei in die Freiheit. Das Ziel bestimmt den Weg und auch die Art, den Weg zu beschreiten. Dabei wird das gesamte Volk zum Teil brutal aus dem Bekannten herausgedrängt. Sie müssen die «Komfort-Zone» verlassen und können auch ihren Weg nicht mit den ihnen bisher bekannten Mitteln bestreiten. Das Ziel des «Verheißenen Landes» ist zwar tatsächlich das Ziel – aber nur eines von zweien. Das andere Ziel der Reise betrifft ihr Selbstverständnis: «Wer sind wir? Wie denken wir? Was nehmen wir wahr? Welches sind die Maßstäbe unseres Handelns?» Alle großen Herausforderungen und Grenzerfahrungen, denen Gott sein Volk aussetzt, werden zu Wachstumspunkten. Albert Camus wird viel später einmal formulieren: «Die Steine, die uns den Weg versperren, bringen uns weiter.» Alle Beteiligten durchlaufen eine Transformation. Am Ende haben sie nicht nur ihr äußeres Ziel erreicht, sondern sind dabei auch zu anderen Menschen mit einer neuen

Identität geworden, mit einem neuen Verhältnis zu ihrem Umfeld, zu sich selbst und zu Gott.

Schon zu Zeiten der Sklaverei waren diese Möglichkeiten natürlich in ihnen angelegt – aber äußerlich nicht erkennbar und nicht erlebbar.

Leo Bigger beschreibt das faszinierende und uns lebenslang herausfordernde Leben von Mose in anwendbaren Häppchen, damit wir unsererseits heute aus unseren Beengungen und Begrenzungen aufbrechen und in unser von Gott geschenktes Potenzial hineinwachsen. Dieser Weg ist gespickt mit Herausforderungen, Krisen und Gottesbegegnungen und wird so zu unserem eigenen Transformationsprozess. Dank der Inspirationen und Umsetzung der Lehren, die Leo Bigger in Moses Leben findet, kann unsere wahre Identität zum Tragen gebracht werden: Wie wir uns und die Welt sehen bzw. darüber denken, welche Maßstäbe unser Handeln leiten und welchen Stellenwert Gott in unserem Leben einnimmt. Über das Historische und Geistlich-Prinzipielle hinaus entfaltet Leo Bigger die psychologisch-alltäglichen relevanten Anwendungen für persönliches Wachstum anhand der biblischen Geschichte von Mose.

Seit mehreren Jahren erlebe ich als Coach von Leo, wie seine eigene Entwicklung die Zugkraft von ICF steigert und so diese Kirche in beispielhafter Art das Erbe der Reformation vorantreibt. «Ecclesia reformata et semper reformanda» – «reformierte und immer neu zu reformierende Kirche». Dieses Motto der ersten Reformatoren findet in der Erfolgsgeschichte von ICF seine natürliche Fortsetzung.

Hallo Zukunft darf somit über die Hilfestellung für jede Leserin und jeden Leser hinaus durchaus auch als Versprechen für unsere Kirchenlandschaft in Europa aufgenommen werden.

Sowohl das Persönliche wie auch das Kirchliche wollen jeden Tag gelebt werden. Jeder Tag wird zu einem Stück Visionsumsetzung, in dem der Glanz und die Freude des Künftigen in unsere Gegenwart hineinleuchten und erlebt werden. Leo Biggers Buch ist voll von praktischen Hilfestellungen, theologisch solide unterfüttert und psychologisch relevant, ohne die Leser je durch noch mehr «Soll-Werte» zu beschweren. Die lebendige, freundliche Art des Buches erinnert an das Gespräch mit einem guten

Freund – direkt, verbindlich, locker und vertrauensvoll, worin sich das Wesen des Autors widerspiegelt.

Möge es Ihnen, liebe Leserin, lieber Leser, ein hilfreicher Begleiter auf Ihrem Lebensweg und ein inspirierender Coach zur Freisetzung Ihres gottgegebenen Potenzials werden.

Philipp Johner
Gründer und CEO von Manres

KAPITEL I

Ergreife deine Zukunft

«Der dich gemacht hat, weiß auch, was er mit dir machen will.»

Augustinus

DU BIST DEINE ZUKUNFT!

Vielleicht haben deine Eltern dich nicht geplant, aber Gott hat dich gewollt. Du bist ein GG – eine Geniestreich Gottes.

Er war nicht überrascht, als du geboren wurdest. Er hat dich erwartet. Schon bevor er die Welt geschaffen hatte, wusste er genau, an welchem Tag, zu welcher Stunde und an welchem Ort du geboren werden würdest. Er hat sich deine Haarfarbe ausgedacht und deine Nase geformt – à la Kleopatra oder Gérard Depardieu. Gott schaute dich an und sagte: «Perfekt! Genau so will ich dich haben.» Als du fertig warst, hat er dich mittels leichtem Zeigefingerdruck auf deinen Bauch hinausgeschoben: «Und du bist fertig.» Als Andenken an diesen göttlichen Moment trägst du deinen Bauchnabel.

PSALM 139,14 *Ich danke dir, dass du mich so herrlich und ausgezeichnet gemacht hast! Wunderbar sind deine Werke, das weiß ich wohl (Neues-Leben-Bibel, NLB).*

So oft vergessen wir, dass Gott uns geschaffen hat, und sind alles andere als dankbar. Wir finden uns zu dick, zu dünn, zu lang und zu kurz. Wir stehen vor dem Spiegel und schütteln den Kopf.

Doch bedenke in einem Moment des Zweifels:

- Gott erschuf die Welt in sechs Tagen.
- Er ließ das Meer ein.
- Er hängte die Sterne auf.
- Er modellierte Dinos.
- Er pflanzte Tulpen.
- Nach sechs Tagen war alles da. Gott freute sich: «Sehr gut!»

Wie lange brauchte er für dich?

Neun Monate! Gott freute sich hoch drei: «Sensationell! Engel, schnell! Schaut mal – ein Wunder! Nein, ein Weltwunder!»

Gott erschuf die Welt, das ganze Universum, einfach alles – in sechs Tagen. Für dich hat er neun Monate gebraucht. Kein Wunder, dass du etwas ganz, ganz Besonderes bist.

GOTT SCHWÄRMT FÜR DICH

Ich weiß nicht, was für ein Bild du von Gott hast. Doch eines ist definitiv klar:

Gott lässt an deinem Geburtstag die Korken knallen und die Luftschlangen tanzen. Die himmlische Big Band spielt ihr swingendstes «Happy Birthday», und Gott singt lauthals mit. Wenn du ihn in diesem Moment nur mal sehen und hören könntest! Dann wüsstest du, dass er dein größter Fan ist.

Hätte Gott einen Kühlschrank, dein Foto hinge an der Tür!

Woher ich das weiß?

ZEFANJA 3,17 *Begeistert freut sich Gott an dir. Vor Liebe ist er sprachlos ergriffen und jauchzt doch mit lauten Jubelrufen über dich (NLB).*

Wenn Gott dein größter Fan ist, dann bist du in seinen Augen äußerst wertvoll.

«Ja, gut, das kann jeder behaupten», sagte sich der Skeptiker. Er wollte den wirklichen Wert des Menschen herausfinden und machte sich auf die Suche nach den «wertvollen Zutaten» des Menschen. Folgendes fand er heraus: Wenn man die «minderwertigen» Bestandteile abzieht (95,4 % Sauerstoff, Kohlenstoff, Wasserstoff und Stickstoff), dann bestehen die restlichen verwertbaren 4,6 % des Menschen aus etwa …

> Gott erschuf die Welt, das ganze Universum, einfach alles – in sechs Tagen. Für dich hat er neun Monate gebraucht. Kein Wunder, dass du etwas ganz, ganz Besonderes bist.

43,5 %	Kalzium	29,1 %	Phosphor
10,2 %	Kalium	7,1 %	Schwefel

4,3 %	Chlor	4,3 %	Natrium
1,4 %	Magnesium	0,1 %	Eisen

Gut zu wissen, dass ich das Chlor schon in die Badewanne mitbringe und so keine Angst vor Keimen haben muss. Und endlich weiß ich auch, warum ich so schwer bin – dieses fiese Eisen da in mir.

Für diese Stoffe bezahle ich etwa *zehn Euro* beim Chemiker meines Vertrauens. Das ist nicht viel und nicht wenig. Ein durchschnittlicher Wert. Mittelmaß. Und so fühlen wir uns oft auch – mittelmäßig. Aber:

PSALM 8,3–4 *Denn du hast ihn [den Menschen] nur wenig geringer als Gott gemacht und ihn mit Ehre und Herrlichkeit gekrönt (NLB).*

Gott macht den Unterschied. Er wertet dich auf. Seine Absicht mit dir steht weit über dem Mittelmaß.

Er hat dich nicht nur geschaffen, er hat dich als Haupt der Schöpfung gesetzt. Er hat dich mit denselben Features ausgestattet, die ihn selber auszeichnen.

Du bist die Crème de la crème!

Der Wert deines Lebens besteht darin, von Gott als so kostbar angeschaut zu werden, dass du mit ihm und durch ihn und zu ihm Geschichte schreiben kannst. Du hast die Ehre, unter der Flagge Gottes zu segeln. Und du bist sogar der Captain auf dem flotten Flitzer. Gott schenkt den Wind. Du steuerst in der vollen Verantwortung das Schiff. Das nenne ich ein erfülltes Leben!

DER FRIEDHOF DER UNERFÜLLTEN TRÄUME

Warum um alles in der Welt fühlen sich die Menschen dann heutzutage so unerfüllt?

Warum basteln so viele Frauen und Männer an einer beruflichen Karriere in einem Beruf, den sie nicht einmal mögen?

Die Antwort ist einfach. Sie verfolgen nicht die Träume und Wünsche, die Gott in ihr Herz gepflanzt hat.

KAPITEL I — *Ergreife deine Zukunft*

Wenn du dich nicht in Richtung deines gottgegebenen Wunsches bewegst, wird die Unzufriedenheit in deinem Herzen immer existieren. Die Unruhe verflüchtigt sich nicht. Sie wird so lange da sein, bis du stirbst.

Es gibt nichts Tragischeres, als am Ende des Lebens zu realisieren, dass du gar nicht richtig gelebt hast. Du hast einfach nur ein mittelmäßiges Leben ertragen. Du hast zwar gelebt, aber ohne Leidenschaft und ohne Enthusiasmus. Du hast nichts riskiert.

Wie tragisch, wenn du daran denkst, dass Gott dich einmalig geschaffen und mit so viel Wert ausgestattet hat! Wie tragisch, dass da Potenzial in dir verkümmert und Träume und Wünsche einfach so weggeeiert werden. Wüsstest du nur, wer du wirklich bist und was Gott alles in dich geDNAt hat!

Der reichste und wertvollste Ort der Welt ist nicht der Nahe Osten mit seinen Ölfeldern, auch nicht die Diamantenminen in Südafrika. Ironischerweise sind die Friedhöfe dieses Planeten die wohlhabendsten Orte.

- In den Gräbern liegen unzählige Träume und Wünsche begraben, die nie erfüllt werden.
- In den Gräbern schlummern Bücher, die nie geschrieben werden.
- In den Gräbern vermodern Geschäfte, die nie gestartet werden.
- In den Gräbern liegen Beziehungen, die nie entstehen werden.
- In den Gräbern liegt die unglaubliche Kraft von Tausenden von kostbaren Träumen.

Dieses Buch soll helfen, den Friedhof ein bisschen ärmer zu machen.

Entdecke den Wert deines Lebens und spiele ihn anschließend aus! Ich sehe einige Trumpf-Asse in deinem Ärmel und juble dir ein weiteres unter:

«Nicht weil wir Würde haben, liebt uns Gott, sondern weil Gott uns liebt, haben wir Würde.»

Weisheit aus dem 19. Jahrhundert

WER BIN ICH?

Diese Frage stellte sich vor langer Zeit ein Mann unter der sengenden Sonne Ägyptens. Er war vierzig, Hebräer und gleichzeitig ein Mitglied der Familie des Pharaos. Sein wohlklingender Name: Mose.

RÜCKBLENDE

Noch vor Moses Geburt beschloss der Pharao, die Israeliten zu Sklaven zu machen, weil dieses 400 Jahre zuvor eingewanderte Volk immer größer wurde und er es so kontrollieren wollte. Und als ob das nicht schon schlimm genug gewesen wäre, wurde der Befehl erlassen, sämtliche männlichen Neugeborenen der Hebräer zu töten, indem man sie in den Nil warf. Unter diesem Todesurteil erblickte Mose das Licht der Welt.

Aber anstatt ihren Jungen auszuliefern, versteckte ihn seine Mutter drei Monate lang und legte ihn dann in einen mit Harz verklebten Korb. Diesen setzte sie ins Schilf am Ufer des Nils, während seine große Schwester beobachtete, was mit ihm geschah.

Gerade als die Tochter des Pharaos ein Bad nahm, begann Mose zu schreien. Sie adoptierte das Kind und stellte sogar seine eigene Mutter als Amme ein. Mose wuchs als Ägypter auf und genoss die beste Erziehung und Schule am ägyptischen Hof. Er lernte die Hieroglyphenschrift und wurde in der ägyptischen Kriegskunst unterrichtet.

Als Sohn des ägyptischen Oberhauptes war er ein Mitglied der mächtigsten Familie der Erde, denn Ägypten hatte die Herrschaft über die damalige Welt inne.

Immer wieder stellte sich Mose als junger Mann auf der Sphinx der alles entscheidenden Frage:

Wer bin ich?

Die Nase fehlt der Sphinx heute noch, weil Mose einfach zu lange an seiner Lieblingsstelle grübelte und das edle Stück unter seiner Last nachgab. ;-) Doch das Studieren lohnte sich:

HEBRÄER 11,24 *Auch Mose vertraute Gott. Denn als er erwachsen war, weigerte er sich, noch länger als Sohn der Pharaonentochter zu gelten.*

Mose erinnerte sich an seine Wurzeln. Er wurde Zeuge, wie ein Ägypter einen Hebräer schlug. Plötzlich fing sein hebräisches Herz in der Brust zu schlagen an, und in einem vermeintlich unbeobachteten Moment tötete Mose den Ägypter. Als er aber erfuhr, dass Leute von seiner Tat wussten, floh er in die Wildnis, um dem Zorn des Pharaos zu entgehen.

Mose gab seine Position, sein Ansehen und seinen Sohn-von-Papa-Job auf. Einen Job, um den ihn viele beneideten. Er realisierte, dass er kein Ägypter war und schon gar nicht der Sohn eines Vaters sein konnte, der Moses eigenen Leuten übel mitspielte.

Er lehnte es ab, eine Lüge zu leben, und stand zu seiner Identität.

Als Sechzehnjähriger ergatterte ich mir eine sehr begehrte Stelle als Maschinenbauzeichner in einer angesehenen Firma in meiner Region. Von achtzig Bewerbern schafften es zwei. Voller Elan und hochmotiviert fing ich meine Ausbildung an.

Vier Monate später passierte es. Ich hatte eine Woche lang an einer technischen Zeichnung für einen Motor gearbeitet. Von Tag zu Tag ging ich mehr ins Detail. Millimeterarbeit war gefragt.

«Wen kümmern schon Millimeter?», fragte ich mich plötzlich, und ich realisierte: Wenn ich das weitermache, dann gute Nacht! Ich war ein Mann fürs Grobe und nicht für so 'nen Uhrmacherkrams.

Warum tat ich das?

Um meine Eltern zu ärgern?

Um meinen Lehrmeister auf die Maschine ... äh, Palme zu bringen?

Nein, ich tat es, weil ich einfach kein Maschinenbauzeichner war und bin.

Ich musste lernen, zu meiner Identität zu stehen.

Warum hatte ich dann mit der Lehre angefangen? Weil meine Umwelt mir klarmachen wollte, dass ich *der* Maschinenbauzeichner schlechthin war.

Es ist entscheidend zu wissen, wer wir sind.

Wer bist du? Vielleicht denkst du:

- Ich bin, was ich leiste.
- Ich bin, wie ich ankomme.
- Ich bin, was ich habe.
- Ich bin, wen ich kenne.
- Ich bin, was ich verehre.
- Ich bin, wonach ich mich sehne.

Das Problem bei den oben aufgezählten Punkten ist, dass sie fremdgesteuert sind. Du bist der, der die anderen sagen, wer du bist.

Entscheidend aber ist, was Gott in dich hineingelegt hat, und nicht, was die anderen denken, was er in dich hineingelegt hat.

Wer bist du am Ende des Tages, wenn du in deinem Bett liegst, wenn alles andere und alle anderen weg sind? In dieser Stille findest du heraus, wer du wirklich bist.

DIE LISTE

Um herauszufinden, wer du wirklich bist, kann dir eine Liste helfen. Versuche die zehn Dinge aufzuschreiben, die du am besten kannst. Ich bin überzeugt, du wirst eine exakte Beschreibung erhalten, wer du wirklich bist und was Gott in dich gepflanzt hat. Wenn du das weißt, lebst du in deinem Sweet Spot, dem Ort, an dem du glücklich und erfüllt bist.

Als ich diese Liste für mich ausgefüllt habe, habe ich eine Menge über mich und Gott erfahren.

Zuoberst auf der Liste stand: «Mein Glaube an Gott». Dies ist meine größte Stärke. Meine Kinder werden nicht für immer bei mir sein, mein Geld kommt und geht, auch meine Frau muss ich eines Tages in Gottes Hände zurückgeben, aber mein Gott bleibt.

An zweiter Stelle folgte meine Kreativität. Ich habe ständig neue Ideen.

Den dritten Platz belegte das Predigen. Ich kann Sachen so vermitteln, dass Leute es verstehen und behalten können.

Viertens listete ich «sensibel» auf. Ich fühle Sachen, die in der Luft liegen.

Ehrlicherweise muss ich an dieser Stelle bekennen: Manchmal nervt es mich, wer ich bin. Es ist nicht immer einfach, sensibel zu sein. Ich spüre Sachen, die ich gar nicht spüren will.

Ich möchte auch nicht dauernd kreativ sein. Ich möchte einfach in der Sonne liegen und sagen: «Schön!» Stattdessen sehe ich die Sonne und denke:

«Gelb ist die perfekte Farbe für die Kinderräume in der Kirche. Diese Farbe macht einfach Laune. Ich muss sofort unseren Gebäudemanager anrufen und ihm den Floh ins Ohr setzen, er solle den gelben Pinsel schwingen!»

Zwei Sachen habe ich dank dieser Liste gelernt: 1. Wer ich bin, und 2. dass ich lernen muss, Gott dafür zu danken, dass ich so bin, wie ich bin.

«Gott, ich danke dir, dass ich kreativ bin, auch wenn das manchmal alles andere als einfach ist. Ich danke dir für meine Sensibilität, auch wenn das heißt, dass ich mir nicht alles anschauen und anhören kann, aber es ist dafür umso schöner, so klar deine Stimme zu vernehmen.» Dankbarkeit im Leben ist matchentscheidend!

DANKBAR SEIN

Auch in meinem Sweet Spot als Prediger bin ich herausgefordert, dafür dankbar zu sein, wer ich bin.

Ich erinnere mich an meine Anfangsphase als Pfarrer. Um erfolgreicher zu sein, versuchte ich den Afrika-Missionar Reinhard Bonnke zu kopieren. Ich predigte vor zwanzig Leuten und brüllte diese in guter alter Heavy-Metal-Manier an die Wand. Das Geschrei beendete ich erst, als ich realisierte, dass wir uns alle einen Tinnitus einhandeln würden und ich die Arztrechnungen bezahlen müsste.

Auf Bonnke folgte die Wilhelm-Pahls-Phase. Meine Stimme verwandelte sich in rosarote Zuckerwatte, die süßlich und sanft klang. Freunde mussten mich darauf aufmerksam machen, dass ich Leo heiße und dass ich mich im Moment eher wie ein zwei Tage altes Kätzchen anhörte.

> *Wenn nicht du der du bist, wer ist dann der du?*

Schließlich erbarmte sich Gott meiner und ermutigte mich, der zu sein, der ich bin. Nicht mehr und nicht weniger.

In dieser Zeit entsprang meinem Mund ein geistreiches Zitat, das grammatikalisch nicht korrekt ist und künstlerisch nicht an Schiller rankommen mag, aber es hat das gewisse Etwas:

Wenn nicht du der du bist, wer ist dann der du?

WEM GEHÖRE ICH?
HEBRÄER 11,25 *Lieber wollte er gemeinsam mit Gottes Volk Unterdrückung und Verfolgung erleiden, als für kurze Zeit das gottlose Leben am Königshof zu genießen.*

Mose lebte in einem Spannungsfeld. Alle hatten Erwartungen an ihn:

- Ägypten,
- der Pharao,
- die Pharaonentochter,
- das Volk Gottes,
- seine Familie,
- und die Goldkarpfen im Teich.

«Mose, ein zukünftiger Pharao weint nicht, wenn er beim Golfen verliert!»
«Mose, wein doch mal, zeig Gefühle!
«Mose, rette uns, schmeiß den Pharao vom Balkon!»
«Mose, wann kommst du wieder mal zum Abendessen zu deiner echten Familie? Wo bleibt deine Street Credibility? Sei ein Local!»
Der arme Junge muss sich wie ein Pingpongball gefühlt haben.
Das Gute war: Weil so viele Menschen Ansprüche an ihn hatten, hatte er auch immer eine Ausrede bereit, was Gott betraf.
«Gott, ich würde ja furchtbar gerne dein Volk befreien, aber der Pharao will, dass ich hierbleibe und seinen Posten mal übernehme.»
«Gott, ich würde ja gerne das Volk führen, aber die erwarten von mir, dass ich sie mit besten Nahrungsmitteln auf der Reise in ein anderes Land versorge, und wo bitte schön gibt's eine Delikatessa in der Wüste?»
Wenn wir den Menschen gehören, ist das zwar wegen der vielen Ansprüche nicht unbedingt schön, aber immerhin können wir dann den anderen die Schuld in die Schuhe schieben, falls wir unsere zwei Hinterbacken nicht in Schwung bringen wollen.

Mose traf glücklicherweise eine befreiende Entscheidung:
«Moment. Halt. Stopp, Leute. Gott hat mich gemacht, zu ihm gehe ich zurück. Ich gehöre Gott allein. Das heißt, für mich ist es nicht mehr entscheidend, was das Volk oder der Pharao von mir erwarten, sondern was Gott von mir erwartet.»

APOSTELGESCHICHTE 7,20 *Gott hatte Gefallen an ihm (Neue Genfer Übersetzung, NGÜ).*

Hätte Mose diese Entscheidung für Gott nicht getroffen, er hätte nicht den Mut gehabt, den Pharao herauszufordern, oder er wäre nach einem Kilometer Wüstenwanderung umgekehrt, weil er das israelische Hobby Nummer 1, nämlich «Nörgelitis», satthatte.

«Wie lange dauert's noch? Wir haben Hunger! Früher war alles besser! Wir wollen einen neuen Präsidenten!»

Mose traf eine Wahl: Es war seine persönliche Entscheidung, auf der Seite des Volkes Gottes zu stehen und zu leiden.

Was du mit deinem Leben machst, ist *deine* Wahl! Gott gibt dir die Freiheit, zu wählen, und deine Wahl bestimmt deine Zukunft. Du bist mitbeteiligt bei deiner Partnerwahl, deiner Berufswahl und bei der Wahl deiner Freunde. Du bestimmst auch mit, was Gott mit deinem Leben machen kann.

Also höre auf, dich zu entschuldigen! Du hast eine Wahl – du bist in gewissem Sinn so glücklich, wie du willst!

> *Ich arbeitete nicht länger für ICF, ich arbeitete für Gott im ICF.*

NEUE ARBEITSSTELLE

Mose wusste, er gehörte nicht dem Pharao, nicht dem Volk, sondern Gott allein. Deshalb wollte er nicht länger von Menschen abhängig sein, sondern die Verantwortung für sein eigenes Leben übernehmen.

Als ich selber diese Lektion auch gelernt hatte, veränderte sich mein Leben radikal. Weil ich wusste, dass ich Gott gehöre, wechselte ich auch meinen Arbeitgeber.

Ich arbeitete nicht länger für ICF, ich arbeitete für Gott im ICF.

Das änderte alles. Ich war nicht länger meiner Kirche Rechenschaft schuldig, ich war Gott Rechenschaft schuldig. Ich wollte nicht länger meiner Kirche gefallen, ich wollte Gott gefallen. Ich hänge mein Herz nicht an die Kirche, ich hänge es einzig und allein an Gott!

Die gleiche Herausforderung steht vor deiner Tür:

Arbeite nicht länger für die Bank, arbeite für Gott in der Bank. Schließlich gehörst du Gott und nicht der Bank!

Arbeite nicht für Wimbledon, arbeite für Gott als Tennisprofi. Schließlich dienst du nicht irgendeiner mutierten Erbse, sondern dem Erfinder derselben!

Arbeite nicht länger für Meister Proper, arbeite für Gott als Mutter und Hausmanagerin!

KOLOSSER 3,23 *Alles, was ihr tut, das tut von Herzen als dem Herrn und nicht den Menschen (Lutherbibel, LUT).*

Wenn du Gott gehörst, kannst du dein Leben aktiv gestalten. Was kostet dich der Spaß? Du hast niemanden mehr, dem du die Schuld in die Schuhe schieben kannst.

Sätze wie: «Ich wäre ein besserer Christ, würde meine Familie auch an Gott glauben», «Ich könnte Gottes Weg gehen, wenn mein Ehemann mitziehen würde», «Ich wäre heute ein besserer Mensch, hätte ich andere Eltern gehabt», kannst du dir getrost abschminken. Der fromme Floskelduden ist dir dankbar. Er nimmt ab, ohne zu hungern.

> *Niemand kann dein Leben zerstören – außer du selber!*
> *Deshalb: Werde bitter oder besser.*

Übernimm wie Mose die Verantwortung für dein eigenes Leben und mach etwas daraus!

Niemand kann dein Leben zerstören – außer du selber!

Deshalb: Werde bitter oder besser.

Meine Eltern haben mich in meinem Herzenswunsch, Pastor zu werden, nicht unterstützt.

Die Stadt Zürich hat mich in meinem Herzenswunsch, ein Kirchengebäude zu bauen, nicht unterstützt.

Deshalb musste ich lernen, an einen Gott zu glauben, der an mich glaubt. Er ist der Einzige, der mich mit hundertprozentiger Sicherheit nicht enttäuschen wird.

WAS IST MIR WICHTIG?

HEBRÄER 11,26 *Für ihn waren alle Schätze Ägyptens nicht so viel wert wie Schimpf und Schande, die er für Christus auf sich nahm. Denn er wusste, wie reich Gott ihn belohnen würde.*

Mose hatte alles, was das Herz begehrt: Leopardenmantel, Messingbadewanne und Krokodile im zimmereigenen Aquarium. Er besaß alles, wonach die meisten Menschen ein Leben lang streben: Macht, Vergnügen und Reichtum.

1. Macht: Position und Prestige. Ich will Ansehen und Machtfülle. Dominieren und kontrollieren. So wichtig ist manchen Menschen dieser Vorrang, dass sie Gesundheit und Familie dafür hingeben.
2. Vergnügen: Spaß und Amüsement.
3. Reichtum: Ich will mir etwas leisten können. Ich will mehr. Ich will Neues. Ich will Besseres. Extravaganz und Luxus.

Zum Glück war Mose ein aufgeweckter und cleverer Bursche. Schnell fand er heraus:

Macht kommt und geht – Ägypten verlor seine Weltherrschaft an die Assyrer.

Vergnügen kommt und geht – die Migräne danach machte einfach keinen Spaß.

Reichtum kommt und geht – Geld ist der Inflation unterlegen, rostet und brennt. Er wusste, wir kommen ohne und gehen ohne.

Mose hat die Frage nach der Wichtigkeit durchdacht; er war sich seiner sicher. Seine Prioritäten waren festgelegt. Er ließ sich nicht kaufen mit dem, was keinen Bestand hat.

Mose hätte sein Leben in Saus und Braus genießen können, es lag vor seinen Füßen. Das war aber nicht, was Gott in ihn gelegt hatte – er wäre nicht glücklich geworden.

Mose hätte das Geld des lieben Papas zum Fenster rausschmeißen können – Gott gab ihm nicht das Kauf-Gen.

Mose hätte denken können: «Ich nehme in meiner Position Einfluss von meinem sicheren Ort aus und verbessere die Verhältnisse meines Volkes.» Aber auch das war nicht Gottes Plan. Mose wäre im Palast eingegangen wie eine Spargelstange nach Ladenschluss.

Mose läuft also tatsächlich vor den drei Dingen weg, für die andere Menschen ihr Leben einsetzen, um sie zu ergattern. Warum?

Weil er wusste, dass diese Dinge keinen Bestand haben. Er sagte Ja zu Gott und Nein zu einem System, das ihn zermürbt hätte. Als Resultat fand er Frieden im Herzen.

Wenn du das tust, wozu du berufen bist, dann bist du erfüllt und schlussendlich auch glücklich.

Ein Journalist sprach mit Mutter Teresa und machte ihr klar, dass er auch für ein Jahresgehalt von einer Million nicht ihren Job machen würde. Teresa konterte, sie würde den Job auch nicht machen, wenn man ihr eine Million bezahlen würde, denn in der Armut liege der Reichtum.

WORAN HALTE ICH MICH FEST?

HEBRÄER 11,27 *Im Vertrauen auf Gott verließ er später Ägypten, ohne den Zorn des Königs zu fürchten. Er rechnete so fest mit Gott, als könnte er ihn sehen. Deshalb gab er nicht auf.*

Die letzte Frage, die Mose klärte, war die des Stehvermögens. Er wusste, dass seine Entscheidung Probleme bringen würde, aber er hatte keine Angst vor dem Pharao. Ohne Risiko kein Wachstum!

Er hatte Schwierigkeiten auf der Rechnung, und als sie kamen, hauten sie ihn nicht aus den Socken. Er jammerte nicht. Er badete nicht im Selbstmitleid.

Mose hatte Stehvermögen, weil er vor Gott stand. Er hatte Gott ständig vor Augen.

KAPITEL 1 – *Ergreife deine Zukunft*

HEBRÄER 12,1–2 *Da wir nun so viele Zeugen des Glaubens um uns haben, lasst uns alles ablegen, was uns in dem Wettkampf behindert, den wir begonnen haben – auch die Sünde, die uns immer wieder fesseln will. Mit zäher Ausdauer wollen wir auch noch das letzte Stück bis zum Ziel durchhalten.*

Was hast du vor Augen? Sind es deine Probleme und Schwierigkeiten? Eine Erinnerung, die dich plagt? Eine Enttäuschung, die du erlebt hast? Eine Demütigung, die du nicht verdient hast?

Du darfst dich von deinen Problemen nicht runterziehen lassen, außer auf deine Knie.

Schwierigkeiten machen mich bitter oder besser.

Die Wahl liegt bei mir. Ich kann nicht alle Umstände meines Lebens kontrollieren. Aber eines kann ich: entscheiden, wie ich auf diese Umstände reagiere.

Früher habe ich oft gebetet, dass Gott mir diese und jene Schwierigkeit wegnimmt, bis mir eine himmlische Glühbirne aufgegangen ist:

Gott mag es mehr, uns durch die Schwierigkeiten zu begleiten, als sie wegzunehmen. Er mag es, wenn wir etwas lernen, und da es immer Schwierigkeiten in unserem Leben geben wird, macht uns Gott so zu lebenslang Lernenden.

Am Schluss dieses Kapitels hast du zwei ganz konkrete Möglichkeiten, was du zu deinen Problemen sagen kannst:

> *Du darfst dich von deinen Problemen nicht runterziehen lassen, außer auf deine Knie.*

1. Oh nein, Probleme, ihr seid sooo groß!
2. Hey Probleme, hab ich's euch schon gesagt: Ich habe einen großen Gott!

You choose!

Du wählst!

Falls du dich für Variante 2 entscheidest, bist du in guter Gesellschaft. Viele Menschen im Alten Testament wussten, dass hinter ihnen die Macht Gottes stand.

Weil sie an ihrer Bestimmung und Berufung festhielten und an einen großen Gott glaubten, konnte …

- Noah den Spott der Leute ertragen.
- Abraham seine Heimat für ein neues Land verlassen.
- Josef ein dunkles Gefängnis aushalten.
- Daniel in der Höhle neben den Löwen schlafen.
- Johannes der Täufer einen Popularitätsverlust hinnehmen.
- Stephanus predigen und für ein «unpopuläres» Evangelium sterben.
- Paulus Folter, Verleumdung und Schiffbruch ertragen.
- Jesus das Kreuz auf sich nehmen und Verlorene suchen und retten.

Gott sucht die Nachfolger dieser Glaubenshelden; Menschen, die es mit Gott so richtig krachen lassen wollen.

Ohne Gott kann der Mensch nicht, und ohne den Menschen will Gott nicht.

Gott sucht dich, weil er Menschen braucht, die ihm kompromisslos nachfolgen.

«Es muss in der Kirche immer Menschen geben, die alles verlassen, um dem Herrn nachzufolgen; Menschen, die sich radikal auf Gott verlassen, auf seine Güte, die uns ernährt – Menschen also, die auf diese Weise ein Zeichen des Glaubens setzen, das uns aus unserer Gedankenlosigkeit und Schwachgläubigkeit aufrüttelt.»

> *Ohne Gott kann der Mensch nicht, und ohne den Menschen will Gott nicht.*

Joseph Ratzinger – Papst Benedikt XVI

KAPITEL 2

Nutze die Kraft der Leidenschaft

«Denen, die Gott lieben, verwandelt er alles in Gutes. Auch ihre Irrwege und Fehler lässt Gott ihnen zum Guten werden.»

Augustinus

In Kapitel 2 widmen wir uns dem Herzen Moses. Schließlich wollen wir den Jungen besser kennenlernen. Und wenn wir das Herz eines Menschen erfassen können, dann wissen wir schon einiges über diese Person.

Was also war die Leidenschaft, die Mose antrieb? Was ließ sein Herz höherschlagen? Was war der Motor, der ihn antrieb, Gas zu geben?

Über zig Jahre hinweg hatte Mose die Leidenschaft entwickelt, Gottes Volk aus der ägyptischen Sklaverei zu befreien. Die Leidenschaft wurde so groß, dass er sich eines Tages sagte: «Wenn ich jetzt nicht aufstehe und etwas gegen diese himmelschreiende Ungerechtigkeit unternehme, dann platzt mir die Halsschlagader!»

Mose ertrug den Zustand seines Volkes nicht länger. Seine Leidenschaft wurde so groß, dass er um alles in der Welt eine Veränderung herbeischaffen wollte.

Was ist deine tiefste Leidenschaft? Was pumpt da seit Jahren tief in deinem Herzen? Und was hat die ganze Sache mit dem Willen Gottes zu tun? Dein Herz, deine Leidenschaft und der Wille Gottes hängen eng zusammen. Lass mich das erklären.

WAS WILL GOTT VON MIR?

Oft werde ich gefragt: «Wie kann ich herausfinden, was der Wille Gottes für mein Leben ist?»

Zu deiner Beruhigung: Schon nur, dass du diese Frage stellst, zeigt, dass du den Willen Gottes ausführst. Eine andere Person würde sich diese Frage gar nicht erst stellen. Die wichtigste Frage für solche Menschen ist: «Was ziehe ich heute bloß an?»

Die Frage nach dem Willen Gottes scheint eine hochkomplexe Angelegenheit zu sein, die viele Christen jahrelang beschäftigt. Traurig, wenn du mit den grauen Haaren der Weisheit dann immer noch nicht weiter bist.

Kürzlich kam ein Mitzwanziger mit der Frage nach dem Willen Gottes auf mich zu. Ich habe diesem jungen Mann mit zwei kleinen, aber feinen Rückfragen geantwortet:

«Für was schlägt dein Herz?»

«Was ist deine Leidenschaft?»

Nach kurzem Überlegen bewegte sich seine Zunge: «Seit ich sechs Jahre alt bin, träume ich davon, als Politiker Schweizer Bundesrat zu werden. Das ist meine große Leidenschaft! Deshalb habe ich alle Amtssprachen gelernt und meinen Studiengang so gewählt, dass er mir dabei helfen könnte, eines Tages im schönen Bundeshaus zu Bern zu sitzen und dieses herrliche Land mitzuregieren.»

Darauf sagte ich: «Oh my goodness, Bundesrat! Das würde ich nie werden wollen! Zum Glück gibt es Menschen wie dich, die das auf dem Herzen haben. Wo bist du denn politisch aktiv?»

Der Jüngling schaute mich ganz verlegen an. Die Zunge bewegte sich nur noch ganz langsam und ganz wenig: «Nirgends ... ich weiß nicht, ob Gott das will. Ich habe Angst, seinen Willen zu verfehlen.»

Wir Europäer haben die unglaubliche Gabe, einfache Dinge kompliziert zu machen.

Ich erwiderte: «Ich glaube dir sagen zu dürfen, wenn du die Leidenschaft für Politik hast, dann ist das Gottes Wille für dein Leben, sein Platz für dich. Und Junge, meine Stimme hast du!»

Wer pflanzte dem jungen Schweizer die Leidenschaft ins Herz, Bundesrat zu werden?

Wer meißelte Mose die Leidenschaft ins Herz, Gottes Volk zu befreien?

Gott höchstpersönlich.

Was ist deine Leidenschaft? Für was schlägt dein Herz?

Für was stehst du morgens um drei Uhr freiwillig auf?

> *Für was stehst du morgens um drei Uhr freiwillig auf?*

LEIDENSCHAFTLICHE FRAGEN

Hier kommen ein paar konkrete Fragen, die dir helfen, deine Leidenschaften zu entdecken:

WAS MACHT DIR AM MEISTEN SPASS?

Ich durfte oder musste mal ein Snowboardcamp organisieren. Dazu gehörte auch die Aufgabe der Zimmereinteilung. Welche Männer schlafen in welchem Zimmer, welche Frauen passen zusammen, und wie verhindere ich, dass die Männer in der Nacht zu den Frauen schleichen? Zusätzlich gab es klare Wünsche, wer mit wem ins Zimmer wollte: Sabine mit Susanne, Susanne mit Sara, aber Sara ja nicht mit Sabine. Help, I need somebody!

Zudem gab es einige, die später anreisten, andere, die früher nach Hause mussten, weil die Katze der Großmutter Geburtstag feierte. Der Stratege in mir war gefragt. Achtzig Namen, achtzig Betten, ein Mann, der Ordnung in das Chaos bringen würde: Leo, der König des Bettendschungels!

Als ich alles eingeteilt hatte, setzte ich mich hin. Ich war den Tränen nahe. Und es waren nicht etwa Tränen der Rührung. Ich war am Ende, bevor das Camp überhaupt erst angefangen hatte, und sah mich mit einer Erschöpfungsdepression konfrontiert.

Das war der Tag, an dem ich herausgefunden habe, dass ich kein Organisator bin und Napoleon mit mir schon die erste Schlacht verloren hätte. Das wäre vielleicht auch gut gewesen.

Eine Leidenschaft macht dir Spaß. Zimmer einteilen war für mich so spaßig wie die Geburtstagsparty von Robinson Crusoe ohne Freitag. Zum Glück gibt es Menschen in unserer Kirche, die beim Zimmereinteilen aufblühen, die jubilieren, wenn sie Namen und Wünsche vor sich haben. Sie brüten bei Kerzenschein bis tief in die Nacht über der optimalen Lösung und teilen schlussendlich mit der Liste sogar die Bettdecke. Und eins garantiere ich dir, wenn diese Leute sich dieser Aufgabe annehmen, wird garantiert keine Katze am Geburtstag alleine sein.

WAS MACHT MICH RASEND WÜTEND?

Wenn du in die Kirche kommst, machen dich Sachen wütend, für die du eine Leidenschaft hast. Wenn du beim Liedersingen plötzlich laut aufschreist und dir Schaum vor den Mund läuft und dein Mitbesucher dich fragt, was los sei, und du antwortest:

«Ehwigkeit schreibt man ohne h! Das ist jetzt den dritten Sonntag in Folge falsch geschrieben! Nächste Woche nehme ich meine Knarre mit und fuchtle damit dem Multimediamenschen vor der Nase rum, und dann ballere ich seinen PC vom Pult!» Ja, dann weißt du, dass du eine Leidenschaft zumindest für Buchstaben und Rechtschreibung hast und vielleicht sogar die Rettung für das Multimediateam wärst.

Ich sehe den Rechtschreibefehler auch, aber ich kann damit leben. Du hingegen hast eine Woche Schlafstörungen. Und Schlafstörungen stören den Schlaf. Das ist längerfristig nicht gesund.

Weitere Fragen: Über was rede ich am liebsten? Wann fühle ich mich am lebendigsten? Wofür bin ich bereit zu kämpfen?

Es gibt nun verschiedene Wege, deine Leidenschaft praktisch zu leben.

IMPULSIVE LEIDENSCHAFT

Leidenschaft ohne guten Charakter ist zerstörend.

2. MOSE 2,12 *Mose sah sich nach allen Seiten um, und als er sich überzeugt hatte, dass außer ihnen niemand in der Nähe war, schlug er den Ägypter tot und verscharrte ihn im Sand.*

Mose hatte die Geduld verloren und nahm die Sache in seine eigenen Hände. Er hatte die Schnauze gestrichen voll und wollte nicht länger zusehen, wie die ägyptischen Aufseher seine Landsleute quälten. Er vergewisserte sich nur noch, dass niemand zuschaute. Er guckte nach links, nach rechts, nach vorne und hinten. Als er sich unbeobachtet fühlte, langte er kräftig zu und machte den Ägypter einen Kopf kürzer.

Statt mit seiner Leidenschaft Leben zu schaffen, zerstörte er Leben. Er war nicht für jemanden, sondern gegen jemanden. In seinem Eifer schaute er nach allen Seiten und vergaß dabei, nach oben zu schauen.

Ich erlebte Ähnliches.

> *Leidenschaft ohne guten Charakter ist zerstörend.*

IN DER HÖHLE DER PASTOREN

Ich habe eine riesige Leidenschaft für eine moderne, lebendige, schöne Kirche. Eine Kirche, die von guter Qualität zeugt und die die Leute gerne besuchen, ist mir extrem wichtig.

Es gibt da eine Gruppe von Menschen, die gehen mir gewaltig auf den Wecker, weil sie auch im Bereich meiner Leidenschaft arbeiten: Pfarrer!

Viele meiner Berufskollegen nerven mich, weil sie nichts dafür tun, dass ihre Kirche attraktiver wird und wächst.

Ich wurde zu einer Pastorenkonferenz eingeladen und sollte den Hirten sagen, wie man Kirche im 21. Jahrhundert bauen kann. Ich war einer der letzten Referenten. Bis zu meinem großartigen Auftritt musste ich mir theologische Erklärungen über gottgewollte Kirche anhören, die meine Magensäfte daran hinderten, das Mittagessen zu verdauen.

Ich erduldete feurige Aufrufe zum Fahnenschwingen und zu allem anderen, was für mich in der Kirche schlimm ist. In mir entstand ein Stausee von der Größe des pazifischen Ozeans. Er war randvoll gefüllt mit Frust, Aggression und Besserwisserei.

Ich sagte zu mir: «Wenn ich auf die Bühne komme, dann muss diesen Schwiegermamapulliträgern jemand mal sagen, warum die Kirchen nicht wachsen können!» Ich schaute nach links und rechts und sah diese Pastoren, die jetzt und heute meine fantastischen Ideen brauchten.

Es war so weit. Ich begann meine atemberaubende Rede, die mich weltberühmt machen würde: «Als ich zum Glauben kam, habe ich meine Freunde verloren. Ich habe den Schmerz von Ausgrenzung erlebt, weil ich gläubig wurde. Das tat weh!» Ein brillanter Einstieg. Die Leute hingen mir an den Lippen. Ich fuhr fort:

«Dann kam ich in die Kirche, und ich habe festgestellt, ich habe plötzlich neue Freunde, den Leib. Alle Menschen hier sind meine Brüder und Schwestern. Dann machte ich eine weitere Erfahrung – je mehr ich die Bibel lese, desto mehr Probleme und weniger Brüder habe ich. Denn aufgrund des Lesens gibt es Diskussionen. Jeder Bruder sieht es anders und beharrt auf seiner theologischen Meinung.

Menschen kommen im ICF zum Glauben, aber mit der Zeit wenden sie sich enttäuscht ab, weil sie die Theologie nicht gut finden und die Bibel anders verstehen. Sie gründen ihre eigene Kirche. Statt Einheit entsteht Trennung. Ganze Familien werden auseinandergerissen, nur weil sie das Wort Gottes anders verstehen.

Deshalb stelle ich mir ernsthaft die Frage, was es bringt, die Bibel zu lesen? Statt uns zusammenzubringen, macht sie uns nur sauer und bringt Trennung.»

GRANDE FINALE

Ich hole zum fulminanten Finale aus. Heute würde ich Kirchengeschichte schreiben, eine Revolution starten. Ich war geladen und alles andere als mit Liebe gefüllt. Ich nahm meine Bibel und schleuderte sie vor den entsetzten Pastoren quer durch die Halle. Ich meinte, bei einigen die Auflösung des Krawattenknopfes feststellen zu können:

«Freunde, es ist an der Zeit, eure Bibeln wegzuwerfen. Ich glaube nicht an die Bibel, ich glaube an Gott! Ihr müsst euch mehr auf ihn fokussieren und nicht auf die Auslegung von Details. Dann wächst eure Kirche.»

Es wurde still. Sehr still.

In mir tobte das leidenschaftliche Feuer der Wut. Ich dachte: «Der kleine Schweizer im großen Deutschland, denen hast du es gegeben. Jetzt werden die Leute auf die Knie gehen und Buße tun. Endlich hat einer gesagt, was Sache ist!»

Mich schmerzte der Umstand, dass die Kirchen so klein sind; das war und ist meine Leidenschaft. Und ich nahm die Sache in meine eigene Hand und wollte Veränderung.

Doch wie bei Mose, der die Ungerechtigkeit auf seine Art lösen wollte und damit Leben zerstörte, so zerstörte ich die Pastoren und griff sie an.

Doch genau wie ich glaubte Mose an die Wirkung seines Handelns. Er dachte interessanterweise: «Jetzt werden endlich alle erkennen, dass ich der verheißene Mann bin, der das Volk in das Land von Milch und Honig führen wird.

KURZSICHTIGE LEIDENSCHAFT

Mose entschloss sich, die Sache selber in die Hand zu nehmen. Und zwar hier und jetzt. Er wollte dadurch die Leiterschaft an sich reißen.

APOSTELGESCHICHTE 7,25 *Mose meinte, seine Landsleute müssten jetzt erkennen, dass Gott ihn zur Befreiung seines Volkes geschickt hatte. Doch sie erkannten es nicht.*

Das Volk meinte nur: «Mose, alles, was wir sehen, ist ein Toter!»

Sie erkannten ihn nicht als Leiter an.

Ich dachte bei der Pastorenkonferenz: «Die kapieren das jetzt, und sie werden mich zum neuen Gemeindegründungsguru machen.»

Doch alles, was die Pastoren in mir erkannten, war ein von blinder Wut geblendeter, besserwisserischer Provokateur aus dem käseessenden Heidiland.

Moses Leidenschaft für Gerechtigkeit und Freiheit war gut. Die Methode war falsch.

Meine Leidenschaft für moderne, wachsende Kirche war gut. Meine Wortwahl und Haltung waren eine Katastrophe.

Und wie Mose spielte ich im Anschluss beleidigte Leberwurst: «Okay, ist gut. Ich sage nie mehr etwas. Dann ist halt eure Kirche so klein. Es geht mich nichts mehr an. Macht nur, wenn ihr nicht hören wollt.»

Ich habe seit diesem Auftritt nie mehr eine Einladung zu dieser Pastorenkonferenz erhalten. Meine Frau freut sich darüber: «Jetzt bist du mehr daheim und kannst mir im Haushalt helfen.»

VERLETZTE LEIDENSCHAFT

Mose sagte sich: «Wenn ihr mich nicht wollt, dann lass ich es halt bleiben.» Er strich die Segel und machte sich vom Acker.

APOSTELGESCHICHTE 7,29 *Er verließ Ägypten und floh nach Midian, wo er als Ausländer lebte.*

Midian ist 400 Kilometer von Ägypten entfernt. Mose rannte davon. In der Wüste sah er interessante Sachen wie Sand und Sand.

Mose konnte trotz seines tollen Joggingstils seiner Leidenschaft nicht davonlaufen.

Auch du kannst vor deiner Leidenschaft nicht fliehen, weil dein Herz in dir schlägt!

Du kannst deinen Traum verdrängen oder auf die Seite schieben, du kannst ihn leugnen oder nicht mehr haben wollen, aber du wirst ihn trotzdem immer in dir tragen, weil dein Herz nun mal überall dort ist, wo du bist: «Hallo, ich bin's, dein Herz!»

Mose konnte noch so weit von seiner Heimat, seinem Volk entfernt sein, die Leidenschaft, das Volk zu befreien, war all die Jahre in der Ferne bei und in ihm. In der Ruhe der Nacht unter dem Sternenhimmel pochte das Herz der Freiheit in seiner Brust.

Mose hatte viel Zeit zum Nachdenken. Gott lehrte ihn eine wichtige Lektion.

«GEGEN» ZERSTÖRT, «FÜR» SCHAFFT NEUES LEBEN

Der Mensch soll in seiner von Gott gegebenen Leidenschaft nicht *gegen* etwas sein und wild um sich schlagen. Er muss *für* etwas sein. Unsere Aufgabe ist es, zu helfen.

Das war auch meine Lektion. Ich hatte mir die Finger grausam verbrannt in meiner zerstörerischen Rede. Doch ich habe gelernt.

Kürzlich fragte mich eine Person in feuriger Erregung und leicht angriffslustig:

Was unternimmt ICF eigentlich gegen Abtreibung?

Motiviert ihr die Leute zur Stimmabgabe?

Baut ihr Stände auf?

Organisiert ihr einen Streik?

Kettet ihr euch aus Protest vor den Apotheken an, die «die Pille danach» verkaufen?

Das Interessante an dieser Frage war das Wort GEGEN. Ich realisierte in diesem Gespräch in aller Deutlichkeit, dass es als Kirche unser Job ist, nicht gegen, sondern FÜR etwas zu sein!

> *Du kannst deinen Traum verdrängen oder auf die Seite schieben, du kannst ihn leugnen oder nicht mehr haben wollen, aber du wirst ihn trotzdem immer in dir tragen, weil dein Herz nun mal überall dort ist, wo du bist: «Hallo, ich bin's, dein Herz!»*

Für etwas zu sein ist viel schwieriger, als gegen etwas zu sein. Gegen ist bubieinfach. Motzen und rumnölen kann jeder:

«Alles Müll, und früher war sowieso alles besser!»

Was aber machen wir, wenn die ungewollt schwangere Frau aufgrund unseres Votums wirklich nicht abtreibt und ihr Kind auf die Welt bringt?

Jetzt wird's spannend.

Was machen wir, wenn sie ohne Geld, ohne Job und ohne Mann vor unserer Tür steht? Das sind in erster Linie die entscheidenden Fragen, die wir uns als Kirche stellen müssen, und nicht, wie viele Leute wir für die Kette vor der Apotheke brauchen.

Was können wir für die Frauen tun, die abgetrieben haben und in seelische Not geraten? Können wir ihnen helfen? Wenn nicht, müssen wir uns ernsthaft fragen, ob wir als Kirche überhaupt relevant sind.

DIENENDE LEIDENSCHAFT

Weil Gott ein Gott der nächsten Chance ist, konnte sich Mose in der Wüste schon bald auszeichnen und zeigen, dass er etwas gelernt hatte.

Mose kommt in der Wüste zu einem Brunnen. Und immer wenn jemand in der Bibel zu einem Brunnen kommt, schenkt Gott an diesem Wasser-Wunder-Teil neues Leben. Moses Leidenschaft hatte sich nicht geändert, doch er realisierte, dass er es anders machen musste. Er hatte auf seiner Wanderung eine dienende Haltung seinem Palmarès[1] dazugefügt und war bereit, mit seinen Händen Leben zu schaffen.

2. MOSE 2,17 *Da kamen andere Hirten und drängten die Mädchen weg. Da stand Mose auf und half den Mädchen, ihre Herde zu tränken.*

Die Frauen mussten sich in der patriarchalischen Kultur des alten Orients hinten anstellen. Deshalb war es auch wüstenklar, dass sich die Jungs, ohne mit der Wimper zu zucken, vordrängten. Doch sie hatten die Rechnung ohne den geläuterten Mose gemacht. Der wurde auf sei-

---

[1] Liste von errungenen Erfolgen

ner Reise nicht nur charaktervoller, sondern mutierte auch noch zu einem modernen Gentleman, der seiner Zeit weit voraus war und schon damals wusste, was Frauen wirklich wollen. Er wurde zum Hirten, dem die Frauen vertrauen.

Sein Sinn für Gerechtigkeit, den Gott ihm in die Wiege gelegt hatte, sagte ihm: «Moment, irgendwas läuft hier falsch.» Zum Glück hatte er den Mut, über seinen Schatten zu springen und nicht zu sagen: «Letztes Mal, als ich mich für Gerechtigkeit einsetzte, ging es in die Hosen. Ich lass es besser bleiben.»

Mose krempelte die Ärmel wieder hoch und setzte seine Kraft dieses Mal nicht gegen jemanden, sondern für jemanden ein. Sein Fokus lag diesmal klar auf den Mädels, denen er helfen wollte. Er handelte nicht mehr aus blinder Wut und polierte den Jungs nicht etwa ihre Gel-Matten. Und siehe da, alles geht gut, keiner stirbt. Alle sind froh, und Mose hat den Jungs Manieren beigebracht. Er könnte sich glatt als Benimm-Coach bei einem Knigge-Seminar bewerben. Er schafft Leben und Zufriedenheit, die Sonne scheint, die Klapperschlangen klappern, Friede, Freude, Wüstenkuchen.

Und er geht noch einen Schritt weiter.

UNTERORDNENDE LEIDENSCHAFT

2. MOSE 2,21 *So kam Mose zu Reguël. Der lud ihn ein, bei ihnen zu bleiben, und Mose willigte ein.*

Das ist starker Tobak. Der Prinz von Ägypten verlässt den größten Reichtum des Orients, wandert durch die Wüste und ordnet sich einem Familienvater und Schafliebhaber unter, den er noch nie gesehen hat, und sagt: «Ich diene dir, Mann!»

Wandern scheint das Lernmittel Nummer 1 zu sein. Und Mose diente diesem Mann nicht nur in den Sommerferien, er machte das für die nächsten vierzig Jahre und bastelte an seinem Charakter. Der Junge hatte nun Stil, Coolness und Zeit.

GEDULDIGE LEIDENSCHAFT

2. MOSE 2,23 *Viele Jahre später starb der König von Ägypten. Aber die Israeliten stöhnten weiter unter der Zwangsarbeit und schrien zu Gott um Hilfe.*

Der Pharao stirbt. Der alte Mose hätte gesagt: «Ich schaue nach links und rechts, da ist weit und breit kein Pharao zu sehen, und das Volk leidet ja noch mehr als vorher. Ich gehe zurück!»

Doch Mose schaute diesmal nicht auf die Seite, sondern nach oben. Weil da oben der ist, der sagt: «Go down, Moses!» Und solange er das nicht sagt, ist die Ampel auf Rot. Mose weiß: «Wenn sie auf Rot ist, gehe ich besser noch nicht, sonst verbrenne ich mir ein zweites Mal die Finger.»

Im ersten Kapitel habe ich erzählt, wie ich meine Lehre abgebrochen hatte. Anschließend habe ich mir ein halbes Jahr den Kopf zerbrochen, ob ich nun Postbote, Schreiner oder doch Heizungsmonteur werden wollte.

Nach langem Überlegen war mir klar, es gab nur eine Leidenschaft in meinem Leben: Pfarrer zu werden! Ich wollte eine Kirche aufbauen, predigen und Probleme lösen. Ich sagte mir: «Was bringt mir eine Lehre, wenn ich Sachen lerne, die ich später sowieso nicht brauche?»

Der Kampf in meinem Herzen war lanciert. Die eine Stimme sagte: «Los, Leo, auf was wartest du noch? Kauf dir einen Talar und rock die Kanzel!»

Die andere leisere Stimme meinte: «Nein, mein Lieber, deine Zeit ist noch nicht reif, weil du noch nicht reif bist. Grüne Tomaten schmecken nicht und nutzen niemandem. Du machst jetzt vier Jahre eine Lehre. Da entwickelst du deinen Charakter: etwa wenn du morgens pünktlich sein musst, wenn du nicht zu lange auf die Toilette darfst und wenn dein Chef, der vom Kaffee und den Zigaretten Mundgeruch hat, dir die Leviten liest.»

Ausnahmsweise hörte ich auf die leise Stimme. Und nicht nur das. Zusätzlich buchte ich siebzehn Wochen Vollpension im modischen 4-Frucht-Überzieher der Schweizer Armee, dem legendären «Tarn-Anzug» im Military Look.

Ich bin nicht für oder gegen die Armee.
Ich bin neutral.
Ich bin Schweizer.

Doch wenn etwas deinen Charakter schleift, dann des Schweizers Lieblingsclub. Schleifpapier von der gröbsten Sorte.

Am Morgen stehst du in Reih und Glied mit einer Schüssel auf dem Kopf, aus der nicht einmal ein Kojote futtern würde. Ein Gockel, der nicht älter ist als du, brüllt dich fünf Zentimeter vor deiner Nasenspitze an und fragt dich, weshalb dein unterster Knopf nicht zu sei. Falls du den Mut hast, zu sagen: «Der ist gerade ausgetreten und macht Pinkelpause», wird der Gockel nur noch lauter: «Schnauze tief! Mach einen Punkt, sonst fliegst du noch ins Koma! Und jetzt 375 Liegestütze für dich!»

Du machst den ganzen Tag Sachen, die keinen Sinn ergeben. Tag für Tag, siebzehn Wochen lang. Und dann wiederholst du es Jahr für Jahr jeweils drei Wochen lang. Die Schweizer Armee wird übrigens schon in der Bibel erwähnt: «Und sie irrten in komischen Gewändern planlos umher.»

Weißt du, was? Die Rekrutenschule hat mir gutgetan. Genau das brauchte ich. Ich lernte Unterordnung, Durchhaltevermögen und Probleme zu lösen, kurz: Charakter.

Ich wurde zum Mann.

Ich lernte in meiner Lehr- und Militärzeit auf das Grüne-Ampel-Engelchen von Gott zu warten und dass es im Reich Gottes praktisch nichts Entscheidenderes gibt, als im Besitz eines integren Charakters zu sein. Jetzt mal abgesehen vom Schweizer Armee-Taschenmesser.

DER PILZ UND DIE EICHE

Mose fragte sich 14 600 Tage unter der sengenden Sonne: «Ist es jetzt so weit, kann ich endlich meiner Berufung folgen und mein Volk befreien?»

Doch Gott entgegnete 14 600 Mal: «Noch nicht.»

Kürzlich kehrte ich mit meinen Jungs von Amerika zurück. Drei Mal flogen wir eine Zusatzschlaufe.

Stefan fragte: «Wie lange geht es noch?»

Simon, der Ältere, meinte: «Papa, ich glaube, der Pilot findet den Weg nicht.»

Manchmal bist du in einer Warteschlaufe, und Gott sagt: «Komm, wir drehen noch eine Runde. Die Landschaft von hier oben ist einfach herrlich.»

Weißt du, warum?
Wenn Gott einen Pilz sprießen lässt, braucht er eine Nacht.
Für eine Eiche braucht der Meister hundert Jahre!
Nichts gegen Tagliatelle ai Funghi, aber wer will schon ein Pilz sein?
Eine Eiche wächst langsam und stetig. Sie überlebt in ihrem Wachstumsprozess bissige Winde und kolossale Stürme. Freche kleine Vögel nisten sich ein, die sie auch nicht abschütteln kann. Aber mit einem Lächeln auf den Lippen sagt Miss Eiche: «Hey, kleiner Vogelgiftzwerg, im Gegensatz zu dir bin ich noch in hundert Jahren hier, hehe!»

Gott kreierte dich und mich, um Eichen für ihn zu sein. Große, starke, stämmige Eichen. Bis die aber genauso aussehen, fließt viel Wasser den Jordan runter.

Ein Diamant glitzert, weil er geschliffen und unter Hochdruck poliert wird, und mit großer Hitze wird Gold geläutert.

In unserem Leben passiert das in der Wüste. Hier nimmt Gott Mose, dir und mir das Ungöttliche von unserem Herzen. Er trennt uns von den Big Bad Five:

- Stolz
- Minderwertigkeitsgefühle
- Positionsdenken
- Anerkennungssucht
- Eigene Ziele

Wenn du für Gott etwas bewegen willst, brauchst du einen geläuterten Charakter. Ohne diesen bist du gegen etwas und schlägst wild um dich. Das bringt Gott, den Menschen und dir selber aber nichts.

> *Wenn Gott einen Pilz sprießen lässt, braucht er eine Nacht. Für eine Eiche braucht der Meister hundert Jahre!*

DEMÜTIGE LEIDENSCHAFT

In der Wüste kletterte Mose dank der Läuterung in der Weltjahresbestenliste der Demütigen bis auf Position 2:

4. MOSE 12,3 *Er war ein zurückhaltender Mann, demütiger als alle anderen Menschen auf der Welt.*

Es gibt zwei Menschen in der Bibel, die demütig genannt werden – Jesus und Mose. Jesus brauchte dafür vierzig Tage in der Wüste, Mose vierzig Jahre. Das Ermutigende: Wenn Gott Leute ins Wüstenbootcamp der Demut ruft, macht er danach Unglaubliches: Bei Mose rettet er anschließend ein Volk, durch Jesus sogar die ganze Welt!

Die Wüste ist nicht nur langweilig, du lernst da auch Sachen, die du sonst nirgends lernen kannst. Gott ist unglaublich interessiert an deinem Leben, er holt das Beste aus dir raus, und du wirst zum Segen für diese Welt.

Steh auf!

Das Leben braucht dich.

Gott braucht dich.

Wenn du wild um dich geschlagen hast wie ich, darf ich dir versichern: Du stehst nicht auf dem Abstellgleis, du bist nur in der Warteschlaufe für den Landeanflug. Am Flughafen geht die Post ab. Neues Land, neues Leben!

> *Steh auf! Das Leben braucht dich. Gott braucht dich.*

KAPITEL 3

Überwinde deine Zweifel

«Denke nicht so viel darüber nach, wer für oder gegen dich ist, verwende lieber all deine Sorge darauf, dass Gott bei allem mit dir ist.»
   Thomas von Kempen, 1380–1471, niederländischer Augustinermönch

Gott gebrauchte Mose gewaltig. Doch oft vergessen wir dabei, dass der Junge achtzig Jahre auf dem Buckel hatte, als er anfing, sich im Reich Gottes die Finger schmutzig zu machen.

Sein Name war Programm.

Mose bedeutet: «Der aus dem Wasser Gezogene». Achtzig Jahre lang zog Gott Mose. Zwei Drittel seines Lebens hat Mose keine Stricke für Gott zerrissen. Im Gegenteil, Gott hatte achtzig Jahre, salopp ausgedrückt, nur Ärger mit dem Kerl. Ist doch interessant: Einer der größten Gottesmänner verbringt achtzig Jahre seines Lebens mit Warten!

Mose bedeutet aber auch: «Der, der zieht». In seinen letzten vierzig Jahren zieht Mose das Volk. Er setzt sich im Seniorenalter 150 Prozent für die Sache Gottes ein. Was für eine Ermutigung für alle, die glauben, sie seien zu alt, um für Gott Bäume auszureißen!

Stellen wir unseren Fokus auf den mittelalterlichen Mose.

VERSTOSSEN UND VERGESSEN

Was fühlte Mose während der vierzig Jahre, die er mit den vierbeinigen wollenen Kumpels in den Disteln der Wüste verbrachte? Was war aus seinem Traum geworden, sein Volk aus der Sklaverei zu befreien? Was war aus dem einst so visionären jungen und starken Mann geworden? Ein Häufchen Elend, von der Welt und Gott vergessen.

«Ich habe getötet, das war's. Gott hat mich aus seinem Speicher gelöscht. Jetzt hüte ich diese dämlichen Schafe, bis mich hier draußen der Blitz trifft und ich endlich die Radieschen von unten anschauen darf.»

Moses Geschichte steht für Menschen, die bewusst oder unbewusst einen großen Fehler gemacht haben und sich aufgrund dessen von Gott verstoßen fühlen. Die Stimme des Herzens sagt: «Das war's! Nach allem, was du gemacht hast: Hast du da wirklich das Gefühl, dass Gott dich noch liebt und dich braucht? Vergiss es. Nie und nimmer wird er jemals wieder auf dich setzen.»

KAPITEL 3 – *Überwinde deine Zweifel*

Vierzig Jahre lief Mose mit diesem Gefühl durch den heißen Sand. Währenddessen vergossen die Israeliten unter der sengenden Sonne Ägyptens literweise Schweiß im Angesicht ihrer Feinde.

Sie lebten auch mit dem Gefühl des Vergessenseins. Sie suchten den Grund nicht bei sich, sondern eher bei Gott. 400 Jahre lebten sie schon in der Sklaverei. Hebräische Kinder kamen auf die Welt und fragten sich: «Was haben wir falsch gemacht? Wieso sind wir Sklavenkinder? Warum widerfährt guten Menschen Schlechtes, und die schlechten werden mit Gutem überhäuft?»

Sie waren enttäuscht von Gott.

Sie fanden keine Antwort.

Sie teilten dasselbe Gefühl mit Mose.

In der Anfangszeit von ICF fiel mir eine junge Frau positiv auf. Sie hatte eine enorme Ausstrahlung und bestach mit ihrer Zuverlässigkeit und einem Herzen für Gott so groß wie ein roter Hochzeitsluftballon. Sie engagierte sich als Worship-Sängerin und schenkte den Besuchern am Eingang ihr schönstes Lächeln. Sie war immer da.

Eines Tages fuhr sie mit ihrer Freundin in die Berge. Ihre Freundin saß am Steuer. Die Fahrt endete tragischerweise in der Leitplanke. Als die junge Frau nach zwei Wochen aus dem Koma erwachte, erfuhr sie, dass ihre Freundin den schrecklichen Unfall nicht überlebt hatte. Ihr Kartenhaus brach zusammen. «Gott, warum? Ich verstehe dich nicht. Ich liebe dich. Ich liebe deine Kirche. Warum tust du mir das an? Liebst du die anderen mehr als mich? Was um alles in der Welt habe ich falsch gemacht?» Neun Jahre litt sie psychisch und körperlich unter dem Unfall. Ihre Enttäuschung über Gott war grenzenlos.

An Weihnachten lief ich durch das Foyer unserer Kirche, als mich eine Frau von hinten ansprach: «Kennst du mich noch?» Ich brauchte keine Sekunde, und die ganze Geschichte zog wie ein Film vor meinem inneren Auge vorbei. Sie sagte:

«Ich hatte Gott abgeschrieben. Ich war so enttäuscht. Doch er hat sich nicht abbringen lassen und mein Herz zurückerobert. Ich musste lernen, dass ich nicht auf alles eine Antwort habe und das Leben wohl auch nicht immer fair ist. Aber Gott ist Gott. Ich bin zurück.»

Gott sah das Leben dieser Frau, und er holte sie ins Leben zurück.

Das Schlimmste, was uns Menschen passieren kann, ist der Gedanke, dass Gott uns vergessen hat oder dass er uns nicht vergibt, wie Mose dachte. So distanzieren wir uns von unserem Schöpfer.

Ich flehe dich an, vertraue, dass Gott dich sieht, dich hört und dass er Bescheid weiß. Er holt dich zu seiner Zeit ins Leben zurück.

2. MOSE 3,7 *Ich habe gesehen, wie schlecht es meinem Volk in Ägypten geht, und ich habe auch gehört, wie sie über ihre Unterdrückung klagen. Ich weiß, was sie dort erleiden müssen.*

RAUS AUS DEN SCHUHEN

An einem einfachen Tag, an einem einfachen Ort, schenkte Gott Mose als Dienstagmorgengeschenk eine übernatürliche Begegnung. Gott führte Mose zu einem brennenden Dornbusch. Dazu benutzte er ein abgehauenes Schaf!

Ich liebe Gott für seine Liebe zum Detail und für seinen Humor. Vierzig Jahre zuvor war Mose vor Gott, seinem Volk und seinen Problemen abgehauen (vgl. Apostelgeschichte 7,29–30). Nun büxte ein Schaf aus. Und Mose folgte seinem Schützling. Er ließ das Tier nicht einfach ziehen, so wie Gott Mose nie aufgegeben hatte.

Am Dornbusch sprach Gott auf intime Weise mit dem Mann, den er seit achtzig Jahren unendlich liebte und mit dem er diese Welt für immer verändern würde. Was für eine Erlösung für Mose nach all den Jahren im Schmerz!

2. MOSE 3,5 UND 10 *Zieh deine Sandalen aus, denn du stehst auf heiligem Boden! ... Darum geh nach Ägypten, Mose!*

Warum sollte er seine Schuhe ausziehen? Waren sie dreckig? Waren sie zu schäbig?

Die Schuhe stehen hier für den Weg von Mose, den er verfolgte. Vierzig Jahre ging er seinen eigenen Weg als Außenseiter in einem Land, in dem er gar nicht sein wollte. Gott sagte zu ihm: «Mose, mein Junge, zieh deine Vergangenheit aus. Zieh deinen Fehler aus. Lass die Vergangenheit nicht deine Zukunft bestimmen. Wir fangen neu an!»

Dem Volk rief Gott entgegen: «Lasst eure Vergangenheit los. Legt euren Frust über mich ab. Es geht weiter. Ich will euch segnen!»

Zu dir sagt Gott: «Zieh deine alte Geschichte aus. Lass deine Enttäuschungen los. Lass deine Vergangenheit Vergangenheit sein!»

Meine Vergangenheit ist geprägt von einer alles bestimmenden Angst. Ich hatte immer diese beklemmende Angst, dass Gott etwas von mir will, das ich nicht will.

So etwas nennt man Interessenkonflikt.

Ich hatte Angst, Gott wolle von mir, dass ich Missionar im Dschungel werde. Ich wollte aber nicht in den Dschungel, denn da gibt es keinen McDonald's.

Ich hatte Angst, Gott schicke mich als Evangelist zu den Eskimos. Doch da war es mir viel zu kalt. Mir reicht schon der arktische Schweizer Winter.

Ich hatte Angst, Gott wolle mir einen Strich durch meine Heiratsabsichten machen und Jesus auf die Erde zurückschicken, bevor ich in den Hafen der Ehe segeln konnte. Deshalb heiratete ich so früh wie möglich.

Ich hatte Angst, Gott fordere bei meinem Geld: «ALL IN!», und er reiße sich mein Sparschwein unter den Nagel. Deshalb sprach ich nicht mit Gott über meine Finanzen. Aus Angst.

Angst.
Angst.
Angst.

> *Gott wird mit meinem Leben zu seinem Ziel kommen.*

Das Problem, das sich herauskristallisierte: Wenn ich aus Angst nicht mit Gott redete, pflegte ich keine Beziehung zu ihm. Aber was ich wirklich wollte, war die Beziehung zu meinem Gott.

Gott forderte mich in meinem persönlichen Dornbusch-Erlebnis heraus, diese Angst auszuziehen und ihm von ganzem Herzen zu vertrauen. Er würde mit meinem Leben zu seinem Ziel kommen.

Und das ist das Beste, was uns passieren kann.

Gott sagt zu dir: «Zieh deine Vergangenheit aus.» Gleichzeitig sichert er dir, Mose und mir am Dornbusch Folgendes zu:

- Seine Zuverlässigkeit: «Ihr könnt euch darauf verlassen, dass ich da bin, wenn Not ist.»
- Seine Unverfügbarkeit: «Ich bin so da, wie ich es will, und nicht, wie ihr es gerne hättet.»
- Seine Ausschließlichkeit: «Ich bin ich und kein anderer; damit müsst ihr fest rechnen.»
- Seine Unbegrenztheit: «Ihr könnt mir keine Schranken setzen, auch nicht die des Todes.»

Mose nahm diese Zusagen dankend zur Kenntnis und zog mutig seine Sandalen aus. Da kam aber schon das nächste Problem um die Ecke: «Ciao!»

ABER ...
2. MOSE 3,10 *Ich sende dich zum Pharao, denn du sollst mein Volk Israel aus Ägypten herausführen.*

Mose ließ seine Vergangenheit los. Er rechnete aber nicht mit der Zukunft, die Gott ihm vor seine Nase schob. Glücklicherweise führte Mose das praktische Wort ABER in seinem Wortschatz spazieren.

«Tolle Aufgabe, Chef, ABER ich bin der falsche Mann.»

Mose hatte insgesamt fünf ABER-Ausreden auf Lager.

ERSTE AUSREDE: WER BIN ICH?
Mose rang mit seiner Identität. Er fühlte sich einfach nicht qualifiziert. Er dachte, Gott hätte den falschen Leiter gewählt.

«Aber Gott, wer bin ich schon? Ein Nichts. Ein Niemand. Ein Mückenfurz.»

Gottes Antwort lautet: «Es kommt nicht darauf an, wer du bist. Ich habe dich berufen, und ich bin mit dir.»

Wenn wir diese Berufungsgeschichte lesen, denken wir immer, Gott be-

KAPITEL 3 – *Überwinde deine Zweifel*

rufe nur Leute mit zwei linken Händen, zwei linken Füßen und zwei rechten Haaren. Menschen, die unfähig sind, aus eigener Kraft die Aufgabe zu erfüllen. Schließlich sollen sie ja nicht stolz werden und sich auf ihre Leistung etwas einbilden. Gott will damit beweisen, dass er alles gemacht hat und dass er Gott ist!

Hmmm. Dieses Buch bekämpft die pfannenfertigen frommen Antworten und provoziert die übliche theologische Meinung, wie du vielleicht schon gemerkt hast. Deshalb meine Frage:

War Mose ein zweihändiger Linker?

Alles andere. Der Junge hatte was auf dem Kasten. Logisch, schließlich verbrachte er seine Jahre bis zum Erwachsensein in einem Palast und wurde als Enkel eines Pharaos erzogen. Wahrscheinlich mit Führungsausbildung und allem!

Wenn es eine Person gab, die zwei Millionen Menschen in das Schlaraffenland führen konnte, dann war das Mose!

Er konnte aufgrund seiner königlichen Vergangenheit schreiben, hatte alle Weisheiten der damaligen Welt studiert und war ein brillanter und erfahrener Kriegsstratege. Er führte die ägyptische Armee in zwei Kriegen gegen die Äthiopier mit viel Charisma zum Sieg.

Zudem konnte er eine 40-jährige Berufserfahrung als Schafhirte und Schafzüchter vorweisen. Wer Schafe führen kann, kann auch Menschen leiten. Beide meckern!

Mose war brillant. Ein Genie. Wir denken immer, Mose will Gott verklickern, er sei eine Null. Das war nicht der Punkt. Er trug die Berufung Gottes und die Leidenschaft zu leiten seit seiner Kindheit in sich. Er hatte nur Bammel, dass die ganze Geschichte eine Schuhnummer zu groß war. Schafe waren okay, ein Familienausflug auf den nächsten Hügel lag auch noch in seinem Bereich des Möglichen, doch zwei Millionen Menschen! So große Schuhe hatte er noch nie gesehen!

Die Aufgabe passte zu seinen Fähigkeiten und zu seiner Leidenschaft, sie war einfach viel zu groß und überstieg seine eigenen Vorstellungen, Kräfte und Möglichkeiten.

Den Willen Gottes erkennst du daran, dass die Aufgabe, für die dein Herz schlägt, viel zu groß ist, und du dich fragst: «Wie packe ich das nur?»

Diese Frage dient dazu, dir klarzumachen, dass du Gott und sein übernatürliches Eingreifen brauchst.

XXL

Wir organisierten eine Worship-Tour und gaben unserer zauberhaften Requisiteurin den Auftrag, ein weißes XXXXL-T-Shirt zu schneidern. Ich wollte damit diesen Gedanken, dass Gottes Aufgaben für uns zu groß sind, veranschaulichen.

Als sie mir das Monstershirt, das meine ganze Sippe hätte kleiden können, überreichte, war mir nicht so wohl. In großen Lettern prangte auf der Brust:

GOD THINKS BIGGER.

Als Vertreter des Bigger-Geschlechts dachte ich nur: «Mann, ist das peinlich, das kann ich nicht bringen.»

Sie sah, wie mir die Schamröte ins Gesicht stieg, und antwortete cool: «Leo, das war nicht meine Idee. Ich habe jeden einzelnen Buchstaben geträumt, und Gott sagte mir, dass ich die Dinger auf das Shirt malen muss! Er will dir sagen, dass die Aufgabe, ICF Zürich und das ganze ICF-Movement zu leiten, eine zu große Aufgabe ist und dir die Geschichte auch über den Kopf wächst, aber sei getrost, er hat noch ganz andere, größere Möglichkeiten, und er wird auch noch ganz andere, größere Sachen mit dir und ICF machen, weil er eben noch viel größer denkt als du. Und zudem soll ich dir auch noch sagen, dass er extrem gerne an dich denkt.»

Mann, tat das gut! Und einer, der noch größer dachte als ich, das konnte nur Gott höchstpersönlich sein! ...

Die Tätigkeit in der Kirche liegt mir, sie passt zu mir.

Und trotzdem bin ich oft überfordert. Die Form meiner Tätigkeit stimmt, sie wächst mir aber öfters über den Kopf und wird mir zu groß, wie das XXL-Shirt!

Die Arbeit im ICF überfordert mich oft in meinen Emotionen. Jeden Schritt, den ich mache, habe ich in dieser Form noch nicht gemacht. Und ich bin Gott dankbar, dass er mit seiner Größe hinter mir steht und die Problemberge verschiebt.

«Manche Menschen sagen: ‹Gott wird mich nie um etwas bitten, das ich nicht tun kann.› Ich habe aber in meinem Leben erfahren, dass eine Aufgabe vermutlich nicht von Gott kommt, wenn es etwas ist, von dem ich von vornherein weiß, dass ich es schaffen kann. Die Aufgaben, die Gott in der Bibel verteilt, sind meist übergroß. Sie gehen immer über das hinaus, was Menschen tun können, weil Gott darin seinem Volk und der Welt sein Wesen zeigen will – seine Stärke, seine Fürsorge und seine Freundlichkeit. Nur so kann die Welt ihn kennenlernen.»

Henry Blackaby

ZWEITE AUSREDE: WER BIST DU?

Mose kämpfte um Vertrautheit mit Gott. Er kannte Gott nicht gut genug, um ihn dem Volk zu beschreiben.

«Aber Gott, wer bist denn du schon? Du hast es schließlich auch nicht geschafft, dein Volk zu befreien. Und überhaupt, ich zweifle an deiner Allmacht. Oder kannst du etwa einen Stein erschaffen, der so schwer ist, dass du ihn nicht aufheben kannst, hm?»

Gottes Antwort lautete: «ICH BIN, DER ICH BIN. Ich bin alles, was du brauchst.»

Mit diesem merkwürdigen Namen wollte Gott klarstellen, dass er nicht kontrollier- und greifbar ist. Mit einer Prise Humor versuchte er seinem geliebten Mose zu verklickern: «Wenn du herausfinden willst, wer ich bin, und wenn du alles verstehen willst, vergiss es. Denn sogar mein Name ist ein Rätsel. Eher verstehst du deine Frau, und da muss ich mir schon extrem Mühe geben.»

Gott macht Mose in dreifacher Weise klar, wer er ist.

1. SEINE GESTALT

Im 5. Buch erinnert Mose das Volk noch mal daran, wie es war, als sie Gott begegneten: «Seine Gestalt habt ihr nicht gesehen, nur seine Stimme konntet ihr hören.»

Keine Gestalt, keine Form.

Nichts, was man sehen konnte.

Zu Moses Zeiten verehrte man die Götter, indem man Skulpturen von ihnen anfertigte und sich davor verbeugte. Das waren Götter, mit denen der Verstand etwas anfangen konnte. Mose konfrontierte die Menschen mit einem völlig neuen Konzept des wahren Gottes. Er behauptete, mit keinem Abbild könne man diesen Gott erfassen, denn dieser Gott habe keine Gestalt oder Form. Das war eine revolutionäre Vorstellung in der Religionsgeschichte.

2. SEIN NAME

Jahwe kommt vom Verb «sein». Manche übersetzen Jahwe deshalb so: «Ich werde sein, der ich sein werde.» Andere schlagen diese Version vor: «Ich war schon immer, ich bin und ich werde immer sein.»

Vielleicht ist das Gottes Art zu sagen: «Selbst mein Name ist mehr, als ihr erfassen könnt.»

3. SEIN RÜCKEN

Einmal sagte Mose zu Gott: «Lass mich dich in deiner Herrlichkeit sehen.» Das hieße in unseren Worten: «Ich brauche mehr. Ich brauche etwas, das ich sehen kann. Etwas Greifbares.»

Gottes Antwort? Er sagte zu Mose, er solle sich auf den Fels stellen, an dem er vorüberziehen werde. Er erklärte Mose, dass kein Mensch am Leben bleiben würde, der ihn sähe. Daher würde er ihn in eine Felskluft stellen und seine Hand schützend über ihn halten, wenn er vorbeiginge. Und dann sagte er: «Dann ziehe ich meine Hand zurück, und du kannst mir hinterherschauen; mein Gesicht aber darf niemand sehen!» (2. Mose 33,23).

Die alten Rabbiner sagten, dass der Mensch nur *hinter Gott her* sehen kann. «Hinterher» sei im hebräischen Original ein Euphemismus für «da, wo ich gerade war».

Das ist, als würde Gott sagen: «Das Beste, das du tun kannst, das meiste, wozu du fähig bist, ist zu sehen, wo ich ... gerade ... war.»

Näher kommt man nicht heran. Ein schöner Rücken kann auch entzücken.

Wenn es ein göttliches Wesen gibt, das alles gemacht hat – uns eingeschlossen –, wie sähen dann unsere Erfahrungen mit diesem Wesen aus?

In dem Augenblick, wo man sich Gott mit schönen sauberen Strichen ausmalt oder ihn definiert, befassen wir uns nicht mehr mit Gott. Wir befassen uns mit etwas, das wir uns ausgedacht haben. Und wenn wir ihn uns ausgedacht haben, dann haben wir ihn unter Kontrolle. Daher erinnert Gott die Menschen wieder und immer wieder daran, dass er unsere Vorstellungen übersteigt, dass er größer und weiter ist.

DRITTE AUSREDE:
WAS IST, WENN SIE NICHT AUF MICH HÖREN?

Mose kämpfte mit Unsicherheit. Er machte sich Sorgen, wie das Volk auf ihn reagieren würde.

«Aber Gott, was, wenn die Leute nicht auf mich hören? Was, wenn sie alle gleichzeitig eine Mittelohrentzündung bekommen? Das ist sehr wohl möglich bei diesem Sauwetter in Ägypten!»

Gott versprach Mose: «Sie werden hören, weil ich durch dich sprechen werde. Vertraue mir.»

«Denke nicht so viel darüber nach, wer für oder gegen dich ist, verwende lieber all deine Sorge darauf, dass Gott bei allem mit dir ist.»
Thomas von Kempen, 1380–1471, niederländischer Augustinermönch

Unsere Sorgen sind gewöhnlich von zwei Komponenten begleitet:

1. Von einer negativ fixierten Voraussage: «Es wird sowieso nicht klappen», «Es wird noch viel schlimmer sein, als ich denke», «Aus dem Loch komm ich nie wieder raus».
2. Von einer übertriebenen Vorstellung: «Ich kann das nicht ertragen», «Ich schaffe das niemals», «Ich bin völlig überfordert», «Ich sehe keinen Ausweg».

Neunzig Prozent der Dinge, über die wir uns sorgen, treffen nie ein, sind also verpuffte Energie. Kennst du das auch? Du hast dich innerlich auf etwas vorbereitet, hast dich gesorgt, hast geschwitzt und gezappelt, und dann kam es anders. Die eigene Vorstellung war komplett übertrieben.

VIERTE AUSREDE:
ICH BIN NIE EIN GUTER REDNER GEWESEN!

Mose kämpfte mit dem Gefühl der Unzulänglichkeit. Wer würde ihm folgen, wenn er nicht gut reden konnte?

«Aber Gott, ich kann nicht reden. Ich habe eine seltene Krankheit, Lippenschließensichbeigroßenmenschenansammlungenitis.»

Gottes Antwort lautete: «Nun, wer hat deinen Mund geschaffen? Ich bin die Quelle deiner Begabung.»

Mose machte einen gewaltigen Fehler. Er verglich sich mit anderen. Wenn wir vergleichen, reagieren wir immer auf zwei Arten:

- Ich finde jemanden, der besser ist als ich. Also werde ich minderwertig.
- Ich finde jemanden, der schlechter ist als ich. Also werde ich überheblich.

Vermeide Vergleiche, widerstehe Übertreibungen; suche nur Gottes Ehre.

Lass den Sieg nie in deinen Kopf steigen – und die Niederlage nie in dein Herz.

FÜNFTE AUSREDE:
ICH WEISS, DU FINDEST EINEN ANDEREN!

Mose rang mit Minderwertigkeitsgefühlen. Er verglich sich mit anderen, kompetenteren Leuten und fühlte sich unterlegen.

«Aber Gott, du findest bestimmt jemand anderen. Zum Beispiel meine Mutter, meinen Neffen oder meinen Frisör. Wobei, den kann ich dir nicht empfehlen, der würde den Pharao zutexten und sauer machen.»

Gott sagte: «Gut, ich werde Aaron mit dir gehen lassen. Aber vergiss nie, du bist derjenige, den ich berufen habe.»

Und weil Gott der Erfinder des Humors ist, kann ich mir gut vorstellen, dass er folgende Geschichte hinterhergeschoben hat.

Dies ist die kleine Geschichte von vier Kollegen namens Jeder, Jemand, Irgendjemand und Niemand. Es ging darum, eine wichtige Arbeit zu erledigen, und Jeder war sich sicher, dass sich Jemand darum kümmert. Irgendjemand hätte es tun können, aber Niemand tat es. Jemand wurde wütend, weil es Jeders Arbeit war. Jeder dachte, Irgendjemand könnte es machen, aber Niemand wusste, dass Jeder es nicht tun würde. Schließlich beschuldigte Jeder Jemand, weil Niemand tat, was Jedermann hätte tun können.

Gott hatte Mose einen klaren Auftrag erteilt:

1. Ich schicke dich.
2. Du wirst mein Volk führen.

Das war der Plan. Keine Einladung, sondern eine Berufung. Und Mose lehnte dankend ab. Warum der Widerstand? Weil er nicht wirklich verstanden hatte, worum es eigentlich ging. Mose meinte, er selbst müsste die Rolle des Befreiers spielen. Eine Vorstellung, die ihn überwältigte. Aber Gott erwartete das nicht von Mose. Er persönlich würde der Befreier sein. Mose sollte lediglich als Werkzeug verfügbar sein.

Vielleicht hast du den Mut, mit mir folgendes Gebet zu sprechen:

«Herr, ich bin bereit.
Ich bin bereit zu empfangen, was du gibst.
Ich bin bereit zu entbehren, was du vorenthältst.
Ich bin bereit loszulassen, was du nimmst.
Ich bin bereit zu ertragen, was du verlangst.»

Nelson Mink

Mose vergaß die Begegnung mit Gott im Dornbusch sein Leben lang nicht. Vor seinem Tod sagte er in einem Segensgebet:

5. MOSE 33,16 *Er beschenke euch mit all den Schätzen und dem ganzen Reichtum, den die Erde hervorbringt. Ich bitte den Gott, der mir im Dornbusch erschien, dass er sich über euch freut und euch seine Liebe zeigt.*

BACK TO THE FUTURE

Vor einiger Zeit holte ich meine Midlife-Krise vor. Ich war es plötzlich leid, diese Kirche zu leiten. Ich versank in Selbstmitleid:

«Ich bin so ein armer Kerl als Pfarrer. Wenn etwas nicht läuft, dann habe ich es falsch gemacht. Es sind nie die andern! Wenn etwas läuft, klopfen sie den Mitarbeitern auf die Schulter. Nie bin ich es! Und dann schreien sie: ‹In dieser Kirche gibt es zu viel Leo und viel zu wenig Jesus!› Ich stehe immer unter diesen bescheuerten Scheinwerfern, die die letzte dunkle Ecke meines Herzens ausleuchten. Nennt mich doch ‹Offenes Buch›, übernachtet doch alle in meinem Schlafzimmer und schaut doch zu, wie der Herr Pastor schnarcht! Aber nein, ich brauche doch keine Privatsphäre! Ich doch nicht!»

Ich kannte diese Gefühle vorher nicht. In dieser Zeit lag die Großmutter meiner Frau Susanna im Sterben. Sie rief mich an ihr Bett und richtete in ihrer Schwachheit eine letzte Bitte an mich, so dass nur ich es hören konnte: «Leo, bitte versprich mir, dass du bis ans Ende deines Lebens für junge Menschen predigst. Die brauchen deine Art.»

Im tiefsten Tal meines Lebens sprach Gott zu mir: «Leo, zieh deinen Frust aus. Lass deine Enttäuschungen der letzten Jahre hinter dir. Wir gehen zusammen weiter.» Ich hatte diesen Appell Gottes dringend nötig, denn mein Frust aus der Vergangenheit hinderte mich daran, Gas zu geben für Jesus und sein cooles Reich.

Jedes Mal, wenn ich predige, denke ich an diese wunderbare alte Frau und freue mich, dass sie das Leben bei Gott in vollen Zügen genießt.

Gott sagt heute zu dir: «Zieh deine Schuhe aus.»

KAPITEL 4

Lerne Demut

KAPITEL 4 – *Lerne Demut*

«In der Gegenwart Gottes gibt es zwei Stellungen, die wir einnehmen können: Die eine ist auf unseren Knien, indem wir sagen: ‹Gott, sei mir Sünder gnädig!›, die andere ist auf unseren Füßen, indem wir sagen: ‹Hier bin ich, sende mich!›»
Gerald Kennedy

«Hier bin ich, sende mich!» ist das gefährlichste Gebet, das wir zu Gott jemals beten können. Es löst wie im Leben von Mose so viele Ängste, Zweifel, Erfahrungen, Erinnerungen, Enttäuschungen und gleichzeitig Wünsche aus. Mose hatte die größte Mühe, dieses Gebet über seine Lippen springen zu lassen, obwohl er eine klare Leidenschaft und den Traum in sich trug, das Volk Gottes aus der über 400-jährigen Gefangenschaft zu befreien.

Dauernd schossen Mose Gedankenpfeile durch den Kopf: «Alles hängt doch davon ab, ob die zwei Millionen Hebräer mir glauben oder nicht! Was gibt mir Glaubwürdigkeit? Wodurch kann ich sie überzeugen? Ich hab doch überhaupt keine Street Credibility!»

Da Gott Gedanken lesen kann, stellte er Mose eine Frage.

2. MOSE 4,2 *Da fragte ihn Gott: «Was hast du da in der Hand?» «Einen Stab», erwiderte Mose.*

Auf die Frage Moses nach dem, was ihm in den Augen seines Volkes Glaubwürdigkeit geben würde, stellte Gott ihm eine Gegenfrage. Er fragt immer danach, was wir in den «Händen» halten. Seit Jahren trug Mose nur eine Sache mit sich rum, sein Arbeitsgerät, den Hirtenstab. Määhh!

DER HIRTENSTAB

Der Hirtenstab besaß eine tiefe Bedeutung für Mose:

1. IDENTITÄT – «Ich bin ein Hirte.»
2. EINKOMMEN – «Meine Schafe sind mein Vermögen – Schafzucht, Wolle und Grillgut!»
3. EINFLUSS – «Mit dem Hirtenstab führe ich die Schafe.»

Der Stab, den Mose in den Händen hielt, war sein «Leben». Gott hatte ihn mit allen nötigen Fähigkeiten ausgerüstet, doch er zweifelte noch immer an seinem Potenzial, weil er sich mit anderen verglich oder die unüberwindbar scheinenden Bergketten vor Augen hatte.

Wenn Gott zu Mose sagte: «Was hast du in der Hand?», meinte er gleichzeitig: «Du bist die Zukunft! Du wirst mein Wunder sein! Alles, was du dazu brauchst, ist das, was in deinen Händen liegt!»

So wie Mose hat Gott auch dir etwas in die Hände gelegt. Jetzt bleibt nur noch offen, was du damit anfängst.

Gott wird dich nie fragen, wieso du nicht so klug wie Einstein warst oder so musikalisch wie Sinatra oder so mutig wie Lucky Luke. Aber Gott wird dich eventuell fragen, warum du nicht das Potenzial entfaltet hast, das er in dich hineingeschmuggelt hat.

LASS LOS, UM RICHTIG ANZUPACKEN
2. MOSE 4,3–4 *«Wirf ihn auf den Boden!», befahl der Herr. Mose gehorchte, und sofort verwandelte sich der Stab in eine Schlange. […] Der Herr aber forderte ihn auf: «Pack die Schlange beim Schwanz!» Mose griff nach ihr, und sie wurde in seiner Hand wieder zum Stab.*

Gott beabsichtigte mit dem Schlangenshow-Spektakel Mose zu verklickern: «Wenn du das, was du hast, mir in die Hände gibst, dann wird es lebendig.»

Denn von dem Tage an änderte sich der Name des Stabes. Der Hirtenstab hieß nicht mehr «der Stab Moses», sondern «der Stab Gottes»! Was könnte einem Stab Besseres passieren?! «Ich liebe meinen neuen Namen. ‹Mose› war ja auch nicht schlecht, aber ‹Gott›, das ist definitiv das höchste der Gefühle!»

Mit diesem Stab trat Mose vor den mächtigsten Mann der damaligen Welt, führte das Volk und ließ Wasser aus dem Felsen fließen. Der Stab Gottes in den Händen von Mose stellt die göttliche Kombination von Begabung und Gottes Wirken dar. Ein unschlagbares Doppel.

WAS IST IN DEINER HAND?

Wenn ich einen Hirtenstab in meinen Händen halten würde, ich würde damit wohl den alten Schafsbock ärgern und ihm eins auf die Hörner geben, weil da immer noch ein Lausebengel in mir wohnt.

Doch der Hirtenstab in den Händen Moses wurde für wesentlich Sinnvolleres verwendet. Er teilte das Rote Meer. Das heißt, es ist entscheidend, wer ihn in den Händen hält.

Ein Basketball in meinen Händen hat einen Wert von 29,90.

Ein Basketball in den Händen von Kobe Bryant hat einen Wert von 30 Millionen.

Es kommt schwer darauf an, wer das orange Rund in den Händen hält.

Mit einem Golfschläger in meinen Händen kann ich ein paar gute Schläge aufs Green bringen, doch ein Eisen in den smarten Händen von Tiger Woods macht ihn zum Master-Champion.

Es kommt schwer darauf an, wer den eisernen Stiel in den Händen hält.

Ein Tennisschläger in meinen Händen ist eine gefährliche Waffe, doch der Tennisschläger in den Händen von Sir Roger Federer macht ihn zur Nummer 1 der Welt und aller anderen Planeten. Ich bin überzeugt, er würde auch jedes Super-Monster-Alien schlagen.

Es kommt schwer darauf an, wer das Racket in den Händen hält.

Mit fünf Broten und zwei Fischen in meinen Händen kann ich zweieinhalb Fischburger produzieren, wobei der halbe nicht einmal Fisch drin hätte. Doch mit fünf Broten und zwei Fischen in den Händen speist Jesus mal locker 5000 sterbenshungrige Menschen.

Es kommt schwer darauf an, wer den Lachs und das Fünfkorn-Brot in den Händen hält.

Dreck und Spucke in meinen Händen sind eine Schweinerei, doch mit Dreck und Spucke in den Händen heilt Jesus einen blinden Mann.

Es kommt schwer darauf an, wer den Sabber und die Drecksteile in den Händen hält.

Eine Steinschleuder in meinen Händen ist ein Spielzeug, mit dem ich die Katze des Nachbarn vielleicht aufscheuchen kann, doch eine Steinschleuder in den Händen vom zartbesaiteten David knockt jeden Goliath aus.

Es kommt schwer darauf an, wer die Schleudermaschine in den Händen hält.

Nägel durch meine Hände machen mich zu einem unbegabten Hobbybastler, doch Nägel durch die Hände von Jesus am Holzkreuz machen ihn zum Erlöser der ganzen Welt.

Es kommt schwer darauf an, wessen Hände durchbohrt sind.

Was hast du Entscheidendes, das nur in deinen Händen Sinn macht und unschätzbar wertvoll für die Welt ist?

Jede Gabe, jedes Talent ist so matchentscheidend. Falls du das nicht glaubst, hab ich hier eine hübsche Geschichte für dich. Man kann die verschiedenen Gaben miteinander vergleichen, indem man zeigt, wie jemand mit seiner Gabe auf einen Zwischenfall beim Abendessen reagiert.

Die Gastgeberin lässt den Nachtisch auf den Boden fallen.

Der *Diener* sagt: «Komm, ich wische das auf.»

Der *Leiter* sagt: «Jack, würdest du den Schrubber holen? Sara, wenn du beim Aufwischen hilfst, werden Maria und ich einen neuen Nachtisch zubereiten.»

Der *Geber* sagt: «Ich gehe und kaufe die nötigen Zutaten für den Nachtisch.»

Der *Barmherzige* sagt: «Kopf hoch, das hätte jedem passieren können.»

Der *Prophet* sagt: «Das kommt davon, wenn man nicht aufpasst.»

Der *Lehrer* sagt: «Ist doch sonnenklar, die Schüssel ist heruntergefallen, weil das Tablett ungleichmäßig belastet war; es war auf der einen Seite zu schwer.»

Der *Ermahner* sagt: «Um das in Zukunft zu vermeiden, solltest du beide Hände gebrauchen.»

In diesem Beispiel reagiert jeder gemäß seinen Gaben und Talenten, und deshalb steht am Schluss ein neues Dessert auf dem Tisch. Alle haben ihren Beitrag geleistet, alle haben etwas gelernt, alle schlagen sich schlussendlich den Bauch voll und sind zufrieden.

Der Punkt ist, jede Gabe ist immens wichtig, und es macht richtig Spaß, herauszufinden, welche Gabe sich in welcher Person versteckt!

Ich fand heraus, dass Gott mir eine Gabe der Leiterschaft gegeben hat. Wir fuhren mit der Jugendgruppe nach Wetzikon und mussten bei einem Bahnhof umsteigen. Ich lief auf den Bahnsteig und fragte mich: «Wo sind die anderen?»

Ich entdeckte das Leiterehepaar im Zug auf einem anderen Bahngleis und dachte mir: «Wo, bitte schön, ist der Rest?»

Als ich mich umdrehte, sah ich den Rest. Alle waren mir auf den falschen Bahnsteig gefolgt. Wenn Menschen mir sogar auf den falschen Bahnsteig folgten, musste ich wohl eine gewisse Gabe, Menschen anzuleiten, intus haben.

Festzustellen, ob du ein Leiter bist, ist eigentlich ganz einfach: Dreh dich um und schaue, ob Menschen dir folgen. Denn wenn einem Leiter niemand folgt, dann geht er spazieren.

Neben meinen Leitungsqualitäten entdeckte ich einen zweiten Stab in meinen Händen. Ich konnte mit meinen Worten Menschen begeistern. Das kam für mich überraschend, denn bis sechzehn brachte ich vor einer Gruppe keinen Pieps hervor.

Die Wende kam mit einem Vortrag am Ende meiner Schulzeit. Ich entschied mich für das Thema «Musik und Glaube». Am Ende meiner Rede standen die Schüler für eine «Standing Ovation» auf. Ich traute meinen Augen kaum. Der Lehrer setzte noch einen drauf: «Egal, über welches Thema du sprichst, wir werden von der ersten Minute weg an deinen Lippen hängen!» Gott vertraute mir praktisch über Nacht einen zweiten Stab an. Unglaublich!

Neben der Gabe der Leiterschaft und des Sprechens trug ich den Traum von einer neuen Art Kirche in mir. Mir war wie Mose schnell klar, dass diese Kirche meine Berufung war und Gott mir den Stab dafür in die Hand gelegt hatte. Ich musste mich auf die Socken machen. Denn am Ende würde Gott mir zwei Fragen stellen:

1. «Was hast du mit meinem Sohn Jesus gemacht?»
2. «Und was hast du mit deinen Begabungen gemacht, die ich dir gegeben habe?»

KAPITEL 4 – *Lerne Demut*

UNSERE MÖGLICHKEITEN MUTIG ANNEHMEN

2. MOSE 4,20 *Mose [...] machte sich auf den Weg zurück nach Ägypten; den Stab Gottes nahm er mit.*

«Man kann von nirgendwo überall hinkommen. Indem man an das äußerste Limit geht.»

Robert Schuller

Gott forderte Mose heraus, an das äußerste Limit zu gehen. Das äußerste Limit bedeutet im Leben von Mose die entscheidende Charaktereigenschaft, die ihn am weitesten bringen würde: Demut.

Wenn wir Mose mit einem Wort beschreiben müssten, dann wäre es Demut. Das heißt, er hat die Herausforderung Gottes, an die Grenze zu gehen und Demut zu lernen, angenommen. Dafür war er auch in der Lage, alles zu erreichen, was Gott für sein Leben geplant hatte.

Demut ist in christlichen Kreisen die am meisten missverstandene Eigenschaft. Wir haben ein falsches Bild davon, was es heißt, demütig zu leben. Aus Angst, Stolz zu werden, bewegen wir uns immer gebückt wie der Glöckner von Notre Dame und fühlen uns minderwertig.

Wir haben Mühe, Komplimente anzunehmen, und weisen in falscher Demut auf Gott hin: «Ich bin nichts. Ich kann nichts. Nennt mich Christ.» Und die ganz Demütigen sprechen nicht einmal mehr und zeigen bei einem Kompliment mit dem Zeigefinger nach oben. Dazu erscheint das entrückte Lächeln auf dem Gesicht.

Wahre Demut sagt nicht: «Ich bin nichts», sondern: «Gott ist alles!» Demut hat nichts mit Minderwert zu tun, sondern mit gesunder Selbsteinschätzung. Gott möchte, dass wir wissen, wer wir sind und was wir können und was wir nicht können. Zum Beispiel zwei Sachen auf einmal (das gilt besonders für Männer).

Wenn wir uns richtig wahrnehmen, werden wir wissen, wie und wo wir uns verändern lassen müssen.

Mose brauchte gleichzeitig Mut und Demut, um zehn Mal vor dem Thron des Pharaos aufzukreuzen und um die Freilassung des Volkes zu bitten. Es wäre dem Pharao ein Leichtes gewesen, Mose einen Kopf kürzer zu machen und das ganze Theater zu beenden. Aber Mose hatte Mut zur Demut: Er wusste, dass es Gott war, der die Wunder wirkte und das Volk befreien würde. Deshalb konnte er mutig vor den Pharao treten und demütig immer wieder die Schmach der Absage für sein Volk auf sich nehmen. Er besaß den Mut, seinem Gott und seinem Volk zu dienen.

Das ist wahre Demut. Mut zum Dienen. Diese beiden Worte stecken in Demut.

Moses Demut bewahrte ihn vor Übermut! Was er tat, war nie übermütig. In Demut nahm er das Risiko in Kauf, weil er wusste, dass Gott bei ihm war.

4. MOSE 12,3 *[Mose] war ein zurückhaltender Mann, demütiger als alle anderen Menschen auf der Welt.*

Lustigerweise hatte Mose diesen Vers selber geschrieben.

Hallo? Ist das nicht eher Stolz als Demut?! So nach dem Motto: «Liebe Leute, hört mal her! Demut ist meine größte Stärke!»

Mose hatte den Mut, zu dem zu stehen, wer er war. Mose wusste sich richtig einzuschätzen. Er wusste, wer er war und was er konnte – und dass er voll und ganz auf Gott angewiesen war.

> *Das ist wahre Demut. Mut zum Dienen. Diese beiden Worte stecken in Demut.*

MUT TROTZ VERGANGENHEIT

«Mut ist, wenn man Todesangst hat, sich aber trotzdem in den Sattel schwingt.»

John Wayne

Mose ging an den Ort zurück, wo er einen Menschen umgebracht hatte. Er stellte sich seiner Vergangenheit und seiner Geschichte.

Das sind die Momente, wo du ganz alleine mit dir ins Reine kommen musst. Auf diesem schweren Weg Richtung Ägypten spürst du aber die Nähe Gottes, weil du so offen für sein Wirken und Reden bist. Die Sehnsucht nach ihm erreicht bisher unbekannte Tiefen.

Auf diesem Weg sehne ich mich nach ...

- dem Atem Gottes, um Stille ins Chaos meines Lebens zu hauchen.
- der Fülle Seiner Weisheit, um die Gedanken in meinem Kopf zu ordnen.
- der Flut Seiner Kraft, um meinen Schwächen zu begegnen.
- dem Überfluss Seines Segens, um die Armut meines Geistes zu stillen.
- der Freude an Seinem Willen, damit ich Ihm mit Vergnügen folgen kann.
- der Sicherheit in Seinen Armen, um mich vor meinen Ängsten zu schützen.
- der Sanftheit Seiner Berührung, um die Gefühle meines Herzens wieder zu erwecken.
- dem Mitleid Seines Herzens, um mich zu entfalten und nah bei Ihm zu sein.

MUT TROTZ VERZÖGERUNG

«Manchmal kannst du nicht glauben, was du siehst, du musst glauben, was du fühlst.»

Morrie

Mose trug achtzig Jahre diese Leidenschaft, die ihm Leiden schaffte, in seinem Herzen. Dem Volk versprach er nun den so lang ersehnten Auszug. Es war sowohl Moses Traum als auch der des Volkes. Doch die Ausreise verzögerte sich, weil der Pharao sie nicht ziehen lassen wollte. Die Hebräer wie auch Mose werden wohl öfters in diesen Monaten gedacht haben: «Es klappt halt doch nicht. Alles bleibt nur ein Traum. Wir müssen uns mit unserer Situation in Ägypten abfinden.»

Manchmal geben wir auf, noch zu glauben, dass wir die Chance bekommen, unsere Leidenschaft und unseren großen Traum zu leben.

MUT TROTZ HINDERNISSEN

Mit Glauben und dem Stab Gottes ging Mose an den Ort zurück, wo er die ersten vierzig Jahre seines Lebens verbracht hatte. Erinnerungen an die erste Spielzeugpyramide, ans erste Kamelrennen und den ersten Kuss wurden wach. Jeden Winkel des Palastes kannte er in- und auswendig.

Als er den Pharao fragte, ob er das Volk ziehen lassen würde, bekam der Pharao nicht mehr als ein Lächeln auf die gebleichten Backenzähne.

2. MOSE 5,1–2 *Mose und Aaron gingen zum König von Ägypten und sagten: «So spricht der Herr, der Gott Israels: ‹Lass mein Volk ziehen! Es soll mir zu Ehren ein Fest in der Wüste feiern!›» «Wer ist denn dieser ‹Herr›?», fragte der Pharao. «Weshalb sollte ich ihm gehorchen und Israel gehen lassen? Ich kenne den Herrn nicht und lasse sein Volk nicht frei!»*

Der ägyptische Häuptling sagte mit anderen Worten: «Ich glaube nicht an deinen Traum.»

Wie oft hörst du Pharaonen in deinem Leben, die dir einreden: «Da glaubst du ja wohl selber nicht mal dran!»

Alles, was du erntest, ist ein höhnisches Lächeln.

In dieser Phase lernte Mose, ganz praktisch zu glauben: «Ich muss an dem Traum festhalten. Denn der Traum ist in mir, und ich verkörpere ihn.»

Ein Samenkorn wird in den Boden gepflanzt. Die Erde lächelt überheblich: «Ich werde dich nie an mir vorbeilassen. Ich lege und drücke mich auf dich.»

Das Korn antwortet trotzig: «Meine Zeit kommt noch. Eines Tages werde ich an dir vorbeiziehen wie der Sprinter Usain Bolt und über dir sein wie der Stabhochspringer Sergei Bubka! Das Korn erntet nur ein noch breiteres Lächeln.

Doch es lernt in dieser Phase, an den Traum zu glauben.

Eines Tages springt es auf und wächst. Es sticht durch die Erde und kämpft sich durch die Erdkruste. Es wächst zu einem großen Strauch und sagt zur Erde: «Ich habe dir gesagt, meine Zeit kommt noch! Zum Glück habe ich an den Traum geglaubt, weil ich ihn verkörpere! Du glaubst gar nicht, wie toll es ist, an der frischen Luft zu sein. Alles Gute da unten, und auf Nimmerwiedersehen!»

Mose verkörperte den Traum, und er wusste: «Meine Zeit kommt noch!»

Kürzlich fragte mich jemand: «Glaubst du an meinen Traum?» Ich sagte zu ihm: «Das spielt gar keine Rolle. *Du* musst an den Traum glauben, denn er ist in dir!»

Als ich mit dem ICF angefangen habe, haben Leute zu mir gesagt: «Zürich ist ein harter Boden. Da wirst du nie eine große Kirche haben. Und nach ein paar Jahren wird deine Gemeinde vom Kirchenboden verschwunden sein. Glaub uns, deine Kirche ist ein Strohfeuer!»

Es spielt in keinster Weise eine Rolle, was Menschen sagen, denn: Du bist das Wunder, und der Traum ist in dir! Du musst daran glauben und mit Leib und Herz den Traum verkörpern.

Ich sage meinen Kindern immer wieder: «Lasst euch von niemandem einreden, weder von mir noch von einem Lehrer, weder von einem Pfarrer noch von sonst jemandem, dass ihr etwas nicht könnt! Denn ihr seid eure eigene Zukunft.»

MUT TROTZ ENTTÄUSCHUNGEN

2. MOSE 5,21 *«Das soll euch der Herr heimzahlen!», schimpften die Vorarbeiter. «Ihr habt den Pharao und seine Beamten gegen uns aufgebracht. Ihr habt ihnen das Schwert in die Hand gegeben, mit dem sie uns töten werden!»*

Damit hatte Mose nicht gerechnet, dass jetzt auch noch das Volk *gegen* ihn war, anstatt *mit* ihm zu kämpfen. Mose lernte auch hier eine wichtige Lektion seines Lebens:

> *Du musst Gott nicht sagen, wie groß deine Probleme sind. Sondern du musst deinen Problemen sagen, wie groß Gott ist!*

Du musst Gott nicht sagen, wie groß deine Probleme sind. Sondern du musst deinen Problemen sagen, wie groß Gott ist!

Mose begriff in all den Schwierigkeiten: «Wenn Gott mich da hat, wo er mich haben will, wird es mir nicht möglich sein, das, was ich zu tun habe, ohne Risiko zu tun!»

Das ist Glaube! Wenn Gott seinen Traum für dein Leben in dein Denken legt, wird es menschlich unmöglich sein, diesen Traum zu verwirklichen. Das ist seine Art, um sicherzugehen, dass du seine Hilfe suchst und dass du mit dem zukünftigen Erfolg umgehen kannst.

MUT TROTZ WIDERSTÄNDEN

2. MOSE 7,22–23 *Doch die ägyptischen Zauberer konnten mit ihrer Magie dasselbe bewirken, und so blieb der Pharao starrsinnig. Er hörte nicht auf Mose und Aaron, wie der Herr es vorausgesagt hatte. Er drehte sich um und ging in den Palast zurück, ohne die Warnung ernst zu nehmen.*

Der Pharao war das genaue Gegenteil von Mose: Er war arrogant und voller Stolz. Er widersetzte sich Gott und wollte die Hebräer nicht ziehen lassen.

Weißt du, was dann geschah?

Gott widersetzte sich dem Pharao und seinem Stolz und ließ noch viel schlimmere Plagen über die Ägypter kommen. Der Pharao wollte sich selber erhöhen und fiel dabei von sehr hoch herunter. Er wollte sich selber Ehre und Ruhm erwerben und verlor dabei alles, was er hatte.

Der sicherste Weg nach unten ist das eigene Streben nach Größe und Ansehen.

Mose kämpfte gegen einen Menschen an, dessen Brust vor Stolz fast platzte und der nicht anerkennen wollte, dass Gott über ihm war.

Der Pharao vergaß, dass er noch immer vom Segen Josefs und seiner Nachfahren lebte.

Josef legte vor vielen hundert Jahren den Traum von den sieben guten und den sieben schlechten Jahren für den ratlosen Pharao aus. Aufgrund dessen baute er Vorratshäuser und sammelte das überschüssige Korn der sieben fetten Jahre darin. In den sieben Jahren der Hungersnot sahnte Ägypten mit seinen Vorräten ab. Denn alle Länder um Ägypten brauchten ihre Vorräte.

Ägypten wurde durch einen Hebräer gesegnet und reich.

Doch der jetzige Pharao hatte leider die Figur eines Elefanten und das Hirn eines Spatzen. Umgekehrt wäre es für ihn definitiv besser gewesen. Denn so vergaß er die ganze Geschichte und musste überschüssige Kilos mit sich rumschleppen.

KAPITEL 4 – *Lerne Demut*

Der Pharao vergaß, weil er vergessen wollte.
Okay, da lagen ein paar Generationen dazwischen, und trotzdem: Er wollte sich nicht mehr an die Heldentat des Hebräers erinnern. Obwohl jenes frühere Geschehen bestimmt immer wieder mündlich überliefert und auch gemalt worden war.
Wie kann so etwas passieren?
Es passiert, weil Stolz immer im Kleinen beginnt:

- in kleinen Schwächen,
- darin, keine Kritik anzunehmen,
- in kleinen Eifersuchtsproblemen.

Der Pharao war stolzer Besitzer eines stolzen Herzens. Das führt immer zu Rebellion.

Stolz bedeutet immer doppelte Einsamkeit:

1. in der Beziehung zu Gott,
2. in der Beziehung zu Menschen.

Gott widersteht dem Stolzen.
Und die Menschen wollen nicht mit einem stolzen Gockel zusammen sein.
Stolz ist ein hässliches Geschwür.
Gott gab dem Pharao zehn Chancen, sich von seiner Haltung zu lösen. Und Mose bekam zehn Chancen, seinen Glauben zu testen. Wie Gott das immer hinkriegt, sensationell!

Demut ist das Anerkennen von Gottes Größe in meinem Leben.
Demut ist die realistische Einschätzung meiner Talente und Fähigkeiten.
Demut ist doppelte Freundschaft mit Gott.

Und eines ist sicher:

4. MOSE 23,19 *Gott ist kein Mensch, der lügt. Er ist nicht wie einer von uns, der seine Versprechen bald wieder bereut. Was er sagt, das tut er, und was er ankündigt, das führt er aus.*

Wir werden geboren mit dem starken Wunsch, selber zu entscheiden. Der egoistische Wille besteht darauf, unabhängig zu handeln. Ihm widerspricht die Vorstellung, dass Gott über uns verfügen möchte.

Gott hat zu Mose gesprochen. Mose horchte und gehorchte.

Wie sieht es bei dir aus?

Stehst du an einer Kreuzung?

Gilt es, Entscheidungen zu treffen?

Wir wissen oft zu gut, was dran ist. Mit den Ohren haben wir verstanden, aber es bewegt sich nichts.

Ich ermutige dich: Rede nicht länger darüber, dass du etwas tun willst. Wir haben genügend große Klappen erlebt. Steh auf und handle. Just do it!

Mose war nicht nur bereit, nach Ägypten zu gehen, er hat sich tatsächlich auf den Weg gemacht und wurde dabei geführt.

Gott mischt die Karten, und wir spielen – an diesem Grundsatz hat sich bis heute nichts geändert.

KAPITEL 5

Lebe deinen Glauben

«Glücklich sind die, deren Träume von ihren Hoffnungen genährt werden, nicht von ihren Verletzungen.»

Robert Schuller

Hat sich Mose vor der großen Reise mit zwei Millionen Menschen jedes Detail überlegt? Im Gegenteil, er verzichtete auf detaillierte Karten, Pläne und Listen und widmete sich lieber dem, was er besonders gut konnte:

Er glaubte.

Er sah das Ziel, das verheißene Land, er kannte den Weg und wusste, wie Menschen zu führen waren. Doch er rechnete fest damit, dass Gott sowohl übersehene Details als auch die größeren Probleme, die zwangsläufig auf der Reise auftauchen würden, lösen würde. In kindlichem Vertrauen lief er an der Spitze der Auswanderer.

MONSTERCAMPINGPLATZ GESUCHT

Meine Familie zählt fünf Mitglieder. Meine Frau, meine zwei Söhne, meine Wenigkeit und unser Cabriolet. Ein Cabriolet zeichnet sich vor allem durch eines aus: Es hat keinen Platz. Dafür sieht es gut aus.

Wenn wir in die Ferien fahren und ich das Ding beladen muss, altere ich regelmäßig um fünf Jahre. Wo verstaue ich das Surfbrett und das Kickboard meiner Söhne, und wo sollen die 23 Paar Schuhe meiner Frau hin? Da fehlt dann jeglicher Platz für das Wichtigste: nämlich meine Golfausrüstung.

Mose hatte nicht nur drei einzelne, sondern gleich zwei Millionen Campingfreunde plus eine Unmenge von Tieren an Bord. Dafür brauchte er einen Zeltplatz, der 35 Kilometer lang und 35 Kilometer breit war. In der Wüste gab es zum Glück genügend Platz. Doch andere Probleme tauchten auf. Bei dieser Menge von Menschen war Mose auf Folgendes angewiesen:

Moses Campingplatz:	35 km lang und 35 km breit
Moses Food:	2000 Tonnen Essen pro Tag, das entspricht einem drei Kilometer langen Transportzug
Moses Feuerholz:	4000 Tonnen Feuerholz pro Tag, das entspricht einem 8,5 Kilometer langen Transportzug

Moses Wasser: 8000 Tonnen pro Tag, das entspricht einem 17 Kilometer langen Transportzug

Hast du das Gefühl, Mose habe das vor der großen Reise alles fein säuberlich durchdacht? Kaum. Vielmehr konzentrierte er sich auf das Ziel. Er hatte sich im Voraus nicht groß den Kopf darüber zerbrochen. Er glaubte, dass Gott das Essen irgendwie ins Camp schaffen würde. Notfalls würde Gott das Flugzeug erfinden.

MITTEN IM AQUARIUM

Das zweite große Problem war rot und doch blau. Wie schleust man zwei Millionen Menschen durchs Rote Meer an meterhohen Wassertürmen und Feuerquallen vorbei? Nehmen wir mal an, Mose hätte nicht die Ägypter im Nacken und dafür viel Zeit gehabt.

Moses Meerüberquerung in 35 Tagen:

Personen pro Reihe: 2er-Reihe
Breite der Reihe: 2 Meter
Länge der Kolonne: 1000 km
Dauer der Überquerung: 35 Tage und Nächte

Doch wir wissen, dass sie für die Überquerung genau eine Nacht Zeit hatten. Deshalb ergibt sich eine völlig neue Rechnung. Moses Meerüberquerung in einer Nacht:

Personen pro Reihe: 1000er-Reihe
Breite der Reihe: 1000 Meter
Länge der Kolonne: 2 Kilometer
Dauer der Überquerung: 1 Nacht

Auch darüber hat Mose nicht zu lange gegrübelt. Er glaubte aber an einen Gott der Lösungen.

Du siehst, der Durchzug hatte viel mehr mit einem stramm geordneten

Pfadfindermarsch als mit einem Tamburin schwingenden fröhlichen Woodstock-Vorboten zu tun (so wie der Durchzug oft dargestellt wird).

«Dieser Weg wird kein leichter sein», sang Chavier Ben Nadu, der Vorsänger, auf halbem Weg im Meer, als ihn der weiße Hai mit fletschenden Zähnen durch die Wasserwand hungrig anstarrte.

Auf dem Weg in das verheißene Land lehrte Gott sein Volk, auf äußerst praktische Weise zu glauben. Die ganze Reise war ein Trainingscamp des Glaubens. Der Parcours umfasste fünf Stationen.

1. DAS ROTE MEER: FÜR GOTT IST ALLES MÖGLICH!
2. MOSE 13,18 *Darum ließ Gott sie einen Umweg machen, auf der Wüstenstraße, die zum Schilfmeer führt.*

Umweg – was für ein fieses Wort! Nicht nur das: Gott führte sein Volk doch tatsächlich in eine Sackgasse! Da standen sie nun vor dem Roten Meer.

Im Westen lag die ägyptische Grenze. Da warteten sabbernde, aggressive Rottweiler.

Im Süden fing die unendliche Wüste an, die Wüste heißt, weil sie so wüst und auch nicht zu durchqueren ist.

Im Norden hinter ihnen lag das Land Goschen, ihre alte Heimat. Keiner wollte in die Sklaverei zurück.

Blieb also nur noch die Alternative im Osten: das Meer. Doch keiner hatte seine Badehose eingepackt, geschweige denn die Taucherausrüstung.

Es gab für die Israeliten absolut kein Durchschwimmen!

Warum führte Gott sein Volk in eine so aussichtslose Situation?

Sie durften hier eine Erfahrung machen, die sie und ihre Kinder und überhaupt niemand je vergessen würde! Wir alle kennen die Geschichte: Gott teilte in seiner Souveränität das sonst so souveräne und eigenmächtige Meer, so dass die Israeliten trockenen Fußes die Ufer wechseln konnten.

Gott wollte, dass sie sich in jeder noch folgenden Sackgasse, in der nach vorne, hinten, rechts und links nichts mehr ging, daran erinnerten, dass er jederzeit eine Wundertüre aufmachen kann. Er war auch derjenige, der sie nach Belieben zu seiner Zeit wieder schloss. Das erlebten die nachstürmenden Ägypter, die zur Freude des weißen Hais zu Fischfutter wurden.

Zwei Sachen verklickerte Gott seinem Volk: «Macht euch bereit, glaubt, dass ich jetzt ein Wunder wirke!»

Und dann wollte er von Mose, dass er das, was in seinen Händen war, gebrauchte. Mose streckte den Stab übers Wasser, und Gott vollbrachte das Wunder.

Das Erlebnis am Roten Meer hat sich den Israeliten bis heute ins Herz eingebrannt. Sie wissen: Das, was Gott dort getan hat, kann er jederzeit wiederholen.

Wenn du in einer Sackgasse feststeckst, hat Gott ebenfalls eine Message an dich:

1. «Glaube, dass ich ein Wunder tun kann! Mach dich bereit, erwarte und sehne dich nach meinem Eingreifen.»
2. «Gebrauche, was in deinen Händen ist.»

Die größte Sackgasse in der Geschichte unserer Kirche war der Umbau des Foyers und der neuen Kinder- und Jugendräume anno 2008. Der erste Architekt sprach von Kosten in der Höhe von 900 000 Schweizer Franken. Als wir das Geld gesammelt hatten, die Leute im Glauben alles gegeben hatten und der Bau vorangetrieben wurde, stellte sich heraus, dass die 900 000 eine krasse Fehlkalkulation waren und die ganzen Baukosten die 2-Millionen-Marke weit überschreiten würden. Weil wir dem Kostenvoranschlag Vertrauen geschenkt hatten, investierten wir zuvor auch noch 250 000 Franken in neue ICF-Locations in Rapperswil und Winterthur.

Darauf folgte die Wirtschaftskrise, die uns weiter in die Sackgasse trieb, weil all unser Geld bei der schwer gebeutelten UBS lag. Ich wusste, falls die Bank flöten ging, würde auch ICF dem Holzblasorchester beitreten. Ich schlief in diesen Tagen alles andere als traumhaft.

Wir wussten, wir konnten nicht mehr zurück. Das Geld für die Außenlocations war ausgegeben, den Bau konnten wir nicht mehr stoppen, und die Weltwirtschaftskrise konnten wir auch nicht aufhalten.

So steckten wir unsere ganzen Reserven in den Umbau. 2,5 Millionen

Schweizer Franken. Ich werde nie vergessen, wie Dani Linder, unser Finanzchef, bleich wie ein Holländer zu mir kam und sagte: «Wir können keinen einzigen Franken mehr für irgendetwas ausgeben.»

Das war das erste Mal, dass Dani «His Coolness» Linder seine Easyness im Bett zurückgelassen hatte. Wir standen vom Pokertisch auf. Wir waren «ALL IN». Genau so betitelten wir unsere neue Worship-CD. «ALL IN» war unser Motto.

Wenn ich jetzt, im Jahr 2010, zurückschaue, staune ich über die drei Wunder, die Gottes Handschrift tragen:

1. Gott sorgte höchstpersönlich dafür, dass unser Finanzhaushalt wieder ins Lot kam.
2. ICF Zürich ist von 2008 bis 2010 um tausend Leute gewachsen. Dies ist der größte Wachstumsschub in der Geschichte unserer Kirche.
3. «Wenn ICF Zürich ALL IN geht und alles investiert, damit neue Räume für neue Celebrations und somit neue Menschen entstehen, dann können *wir* das auch», sagten sich viele ICF-Kirchen.
   Es folgte das Jahr der visionären Gebäude, in dem Gott ICFs wie St. Gallen, Genf, Berlin oder Mittelland unglaubliche Locations in ihre Hände gab. All diese Kirchen gingen in ihrem Wunsch, mehr Menschen für Gott zu gewinnen, ALL IN und erlebten Wunder über Wunder.
   Das ALL IN von ICF Zürich motivierte andere ICFs und Kirchen, den gleichen Schritt zu wagen.

Und wer hat ICF Zürich motiviert, ALL IN zu gehen? – Mose und sein Abenteuer am Roten Meer.

2. DIE OASE MARA: GOTT MACHT AUS «BITTER» «BESSER»!
2. MOSE 15,23 *Als sie endlich die Oase von Mara erreichten, war das Wasser dort so bitter, dass sie es nicht trinken konnten.*

Die Israeliten erreichten nach langer Wanderung die Oase Mara. Voller Freude stürzten sich Frauen, Männer, Kinder und Kamele auf das Wasser:

«Buääähhhh!» Anstatt premium quality war es total bitter, und es war kein Lemon.

Warum schenkte Gott der Wüstenkarawane nicht herrliches, klares Wasser ein?

Die Israeliten hatten am Roten Meer ein Monster-Wunder erlebt. Doch über 400 Jahre Gefangenschaft hatten eine tiefe Narbe in den Seelen hinterlassen. So bitter, wie das Wasser war, so bitter sah es in ihren Herzen aus.

In Ägypten schoben sie dem Pharao die Schuld für ihre Misere in die Schuhe, hier in Mara musste nun Mose den Kopf hinhalten.

Wir machen dasselbe. Wir geben dauernd Menschen die Schuld an unserer Situation. Wir lieben es, Opfer zu spielen und beleidigt in der Ecke im eigenen Saft zu schmoren.

Zwangsläufig werden uns Menschen immer enttäuschen, weil Menschen nie perfekt sind.

Wir werden bitter, wenn wir die Hoffnung und das Vertrauen in Menschen setzen und nicht in Gott.

Warum lohnt es sich also, auf die Karte Gott zu setzen?

1. Mit Freunden verbringst du eine Zeitspanne.
2. Mit deiner Familie bist du bis ans Ende deines Lebens zusammen.
3. Gott und du verbringen die Ewigkeit zusammen.

«Glücklich sind die, deren Träume von ihren Hoffnungen genährt werden, nicht von ihren Verletzungen.»

Robert Schuller

Gott wollte den Israeliten in Mara die Bitterkeit austreiben, die aus dem Vertrauen in Menschen resultiert.

Mose griff in der Folge erneut zum Stab Gottes, der aus dem bitteren Wässerchen ein herrlich frisches San Pellegrino generierte. Was für ein Genuss!

Das Holz steht für Jesus selber, den größten «Trick-Man» aller Zeiten, der auch auf das größte Knautschgesicht ein Lächeln bringen kann, weil sein Wasser des Lebens einfach glücklich macht.

Er stillte den Durst der Israeliten.
Er erfüllt deine tiefe Sehnsucht nach Leben und nimmt Bitterkeit weg.
Ein Geschäftsmann nahm einen guten Freund mit nach Hause. Der Geschäftsmann umarmte im Garten vor dem Haus lange und innig einen Baum. Das sah in den Augen des Freundes doch eher speziell aus, und er fragte sich, ob er damit wohl ein Zeichen zur Rettung des Regenwaldes setzen wollte.

«Warum tust du das?», wollte er wissen. Der Geschäftsmann antwortete: «Ich habe heute in der Firma Menschen verletzt, und einige haben mich verletzt. Ich will damit nicht meine Familie belasten und lasse all meine Bitterkeit bei Jesus. Ich umarme den Baum stellvertretend für Jesus, bis ich seinen Frieden spüre.»

Wenn ich nach Hause fahre, mache ich es unterdessen dem Geschäftsmann nach. Ich will nicht die schlechten Erlebnisse des Tages mit nach Hause schleppen. Auf der 20-minütigen Autofahrt halte ich Jesus so lange fest, bis ich alles losgelassen habe.

Daheim stürme ich das Haus und strahle: «Frau, hier bin ich, bereit für alles, was da heute Abend kommen mag! Jungs, lasst uns ein paar Bälle kicken!» Bäume umarmen lohnt sich. Auch wenn es bekloppt aussieht.

3. DAS MANNA VOM HIMMEL: GOTT IST MEIN VERSORGER!
5. MOSE 8,3 *Und er demütigte dich und ließ dich hungern und speiste dich mit dem Manna, das weder du noch deine Väter gekannt hatten, um dich erkennen zu lassen, dass der Mensch nicht vom Brot allein lebt, sondern dass er von all dem lebt, was aus dem Mund des Herrn hervorgeht (Schlachter-Bibel; SLT).*

Als das Manna zum ersten Mal vom Himmel fiel, packten die Israeliten alle Kisten und Tüten und häuften Berge der Köstlichkeiten an. Sie karrten so viel zusammen, dass der weltbeste Hamster, der sich zufälligerweise in der Wüste aufhielt, in eine Identitätskrise rutschte.

Wie so oft geizte Gott nicht mit einer Überraschung. Am nächsten Tag waren alle nicht gegessenen Manna-Goodies ungenießbar.

Die Israeliten lernten wieder eine Lektion: Manna hält nur für einen Tag. Deshalb betete Jesus auch nicht: «Unser monatliches Brot gib uns heute.» Gott macht den Israeliten klar, dass er ihnen jeden Tag genug geben würde. Und dann noch frische Ware! Gott mag keine Tiefkühlkost. Er liebt es frisch.

So oft denke ich: «Morgen kaufe ich mir diese Jeans. Ich brauche Geld für nächste Woche, da will ich die Ferien buchen gehen.» Meine Gedanken drehen sich dauernd um morgen.

Gott sagt: «Lieber Leo, HEUTE ist Manna-Tag!»

Ich habe diesbezüglich viel von einem unserer Worshipleiter gelernt.

Wir saßen im Jumbo-Jet nach Amerika. Dave meldete sich: «Dieses Flugzeug gehört mir.» Ich fühlte mich gezwungen, zu widersprechen: «Dave, dieser Jet gehört nicht dir, der gehört British Airways.»

«Nein, für die nächsten elf Stunden ist das mein Flugzeug. Mein Hintern sitzt in diesem Flugzeug. Und wo ich sitze, das gehört mir. Ich *besitze* es!»

Dieser Gedanke war schräg und ungewöhnlich, und doch erahnte ich, dass dies eine wertvolle Lektion für mein Leben sein würde.

Kurze Zeit später übernachteten wir bei einer Familie und saßen gemütlich in einem wunderschönen Wohnzimmer bei Käse und Wein. Als die Gastgeber außer Reichweite waren, prustete Dave: «Diese Wohnung gehört mir!»

Ich erwiderte: «Dave, diese Wohnung gehört ganz bestimmt nicht dir.»

Dave trotzte: «Doch, für die nächsten Stunden gehört alles, was du siehst, mir.»

Der finale Höhepunkt folgte in Nürnberg. «Diese Stadt gehört mir!» Als ich zur Widerrede schon meinen Mund weit geöffnet hatte, sagte Dave nur: «Psst ... du stehst hier vor dem König von Nürnberg!»

Wir müssen im Heute leben und das Manna pflücken, Raum einnehmen und uns nicht immer um morgen sorgen. Danke, Dave, für diese Lektion.

Gottes Gnade reicht genau für den heutigen Tag. Carpe Manna!

4. DER FELS REFIDIM: GOTT SCHENKT LEBEN!
2. MOSE 17,6 *Am Berg Horeb werde ich vor dir auf einem Felsen stehen. Schlag mit dem Stab an den Felsen! Dann wird Wasser aus dem Stein herausströmen, und das Volk kann trinken.*

Refidim rockt! Die Mutter aller Mineralquellen! Wir sprechen hier nicht von einem Rinnsal aus den französischen Alpen, sondern von Tonnen von Wasser, die losprudeln und zwei Millionen Menschen in kürzester Zeit den Durst löschen.

Für was steht der Felsen? Jesus sagt: «Wer von mir trinkt, der wird niemals mehr Durst haben!» Ich brauche dieses Wasser, wie es meine jüdischen Freunde brauchten.

Die größte Gefahr für die Verstopfung dieser Quelle war und ist der übervolle Kalender. Termine über Termine. Ereignis nach Ereignis.

Ich opfere bei meiner Stunde mit Gott schnell mal eine halbe Stunde. Ist ja schließlich für die Gemeinde, das findet Gott sicher okay. Die Quelle plätschert nur noch. Dann kommt der Hilferuf eines guten Freundes, der mich unbedingt braucht, um sein Auto zu tunen. Ich verschenke weitere zwanzig Minuten meiner stillen halben Stunde zugunsten der Nächstenliebe. Gott findet das sicher okay. Die Quelle rinnt noch. Oh, ich muss meinen Jungs bei den Hausaufgaben helfen. Es reicht nur noch für einen Vers. Gott findet es bestimmt okay, wenn ich meinen Jungs helfe. Die Quelle tropft noch.

Zum Glück setzt irgendwann das Durstgefühl wieder ein.

Zum Glück spielt Jesus nicht beleidigte Leberwurst.

Zum Glück stellt er sich auf den Felsen und ruft: «Komm und trink, mein Sohn! Hier gibt es Wasser, das dich dermaßen mit Leben füllt. Ich hoffe, du verkraftest das, von null auf hundert!»

Ich habe eine wirklich wundervolle Frau. Wir haben aufgeweckte Jungs, eine Kirche, die wir lieben, treue Freunde. Das ist alles sensationell. Doch all das stillt die tiefste Sehnsucht nach Leben in mir nicht. Die kann nur der Meister des Wassers stillen.

Miss Wesley, die achtzehn Kinder großzog, stülpte sich jeweils eine Decke über den Kopf, und die Kinder wussten: Jetzt betet sie für eine Stunde und tankt Kraft bei ihrem besten Freund Jesus. Und Martin Luther pflegte zwei Stunden früher aufzustehen, wenn er viel zu tun hatte. Viel Arbeit brauche viel Gebet.

5. DIE WOLKEN- UND FEUERSÄULE: GOTT IST SCHUTZ UND FÜHRUNG!

2. MOSE 13,21 *Tagsüber zog der Herr in einer Wolkensäule vor ihnen her, um ihnen den Weg zu zeigen, und nachts war er in einer Feuersäule bei ihnen, die ihren Weg erhellte.*

Die Ägypter machten sich über die Wolken- und Feuersäule lustig. «Offensichtlich können sie nicht Karten lesen», war aus unterrichteten Kreisen zu hören. «Ich verstehe nicht, wozu sie die Leitsäulen brauchen. Kanaan liegt doch um die Ecke: Sie werden ja wohl kaum vierzig Jahre dorthin brauchen, oder?»

Wir wissen, die Jungs würden die Säule sehr wohl gebrauchen. In der Wüste wurde es fünfzig Grad warm. Die Wolke sorgte neben Orientierung für kühle Füße. Das Feuer in der Nacht bewahrte sie vor Schlangen und Skorpionen, die für die Dämonen stehen.

Durch diese Säulen schützte und führte Gott sein Volk.

Diese Fürsorge und den Schutz Gottes erleben wir alle unterschiedlich.

Ich hatte kürzlich eine Trauung in Malters durchzuführen. Vor der Trauung war ich mit meiner Familie in Luzern, das zwölf Kilometer von der Kirche entfernt ist. Laut GPS brauchte man für die Strecke sechzehn Minuten. Ich fuhr um 13.40 Uhr los. Die Trauung würde um 15 Uhr beginnen. Ich musste wegen einer gesperrten Brücke einen Umweg fahren und kam in Emmen in einen Stau. Um 14.10 hatte ich erst ein Drittel der Strecke zurückgelegt, und seit zwanzig Minuten bewegte sich die Autoschlange kaum vorwärts. Ich rief deshalb den Organisator an: «Mach dich bereit, die Trauung zu übernehmen. Ich weiß nicht, wie ich das schaffen soll.» Der Organisator schluckte leer, und ich merkte, dass ich diesen Kerl nicht im Stich lassen durfte, geschweige denn den Bräutigam, der sich so darauf freute, von mir getraut zu werden.

Ich sprach mit meinen Chef: «Gott, das ist meine einzige Trauung in diesem Jahr, und ich brauche jetzt ganz dringend deine Hilfe! Du bist doch ein Befürworter der Ehe! Da fällt mir ein, sogar der Erfinder! Bitte, bitte, bitte, hilf mir!»

In dem Augenblick dachte ich an Polizeiautos und Krankenwagen. Die überholen mit Blaulicht rechts. «Ich bin wie der Notarzt. Ich bin Pfarrer. Ich bin lebensnotwendig», dachte ich und riss das Steuer rum. Dann überholte ich rechts auf dem Bürgersteig alle Autos auf der Länge eines Kilometers. «Gott, wenn ich meinen Führerschein loswerde, bist du schuld.» Ich hatte in diesem Jahr von Amerika über Deutschland schon überall Bußgeldbescheide gefasst. Es war das Jahr der Buße. Der Verkehrsbuße notabene.

Es folgte der schwierigste Teil meiner Mission Possible. Ich musste mit meiner ZH-Nummer wieder in die Schlange einscheren. Die Chance, mit einer Zürcher Nummer in die Reihe reingelassen zu werden, ist so groß, wie von einer vom Himmel fallenden Kuh getroffen zu werden. Ich sagte mir, was Michael Knight kann, kann ich auch, und drängte mich unter dem aufmerksamen Stinkefinger eines Mitstraßenbenutzers wieder in die Kolonne. Zwei Minuten vor drei parkte ich mein Cabriolet vor der Kirche.

Schweißgebadet wechselte ich meine Kleider. Eine Dame auf dem Parkplatz, die ebenfalls spät dran war, musterte mit Interesse meine Boxershorts im Karomuster. Ich kletterte in mein Hemd und in den Kittel, spurtete durch den Hintereingang ans Mikrofon und lächelte mein sanftestes Lächeln: «Einen wunderschönen guten Nachmittag! Schön, dass ihr alle da seid. Lasst uns mit der Trauung beginnen. Mein Name ist Leo Bigger, und ich bin euer Traupfarrer!» Der Dame vom Parkplatz hing der Kiefer auf den Knien.

Ich erlebe Gott so oft als Wolken- und Feuersäule, als Führung und Schutz. Oft ist es ein Blitzgedanke, der mir Gottes Weg aus dem Schlamassel zeigt.

Bist du in einer Sackgasse? Trinkst du bitteres Wasser? Brauchst du Manna oder mehr Nähe zu Jesus? Oder hast du das Gefühl, dass Gott dich nicht führt und beschützt?

Bete, dass Gott deinen Glauben in dem Bereich stärkt. Und lebe in diesem Glauben.

KAPITEL 6

Vergrößere Gott

«Beim Glauben geht es darum, sich diesem Gott hinzugeben, der größer ist als meine Zweifel und größer als meine Fragen.»

Lynne Hybels

Gott führte zwei Millionen Menschen an den Berg Sinai und wollte ihnen zeigen, was die Freundschaft und der Bund mit ihm bedeutete. Mose stieg auf den Berg und sprach vierzig Tage und Nächte mit Gott. Eine Privataudienz, die ihresgleichen sucht. Mose genoss die Lagerfeueratmosphäre weit weg vom Volk und briet Lammkeulen (wenigstens in Gedanken).

Großes Kino!

Beim Volk hingegen lief ein alter Film ab.

Mose war weit weg. Sie warteten. Und Gott war nirgends zu finden. Diese Szene kannten sie aus «400 Jahre ägyptische Sklaverei». Ein Horrorstreifen.

Sie fragten sich schon: «Ist Mose gestorben? Gibt es da oben ägyptische Melonen und Knoblauch, und er schlägt sich womöglich ohne uns den Bauch voll?»

Tatsache war: Ihr Mann des Glaubens, der Mann der Zeichen und Wunder, ihr GPS, war seit vierzig Tagen spurlos verschwunden.

In dieser Krise zeigte sich, wer Gott für das Volk war.

IN KRISENZEITEN ZEIGT SICH MEIN GOTTESBILD

2. MOSE 32,1 *Mach uns eine Götterfigur, die uns den Weg zeigt! Wer weiß, was diesem Mose zugestoßen ist, der uns aus Ägypten herausgeführt hat!*

Die Menge war enttäuscht. Einmal mehr konnten sie sich auf diesen Gott des Himmels nicht verlassen. Deshalb verlangten sie nach einem Ersatzgott, einem Gott, der genau zu ihnen passte.

Den alten Gott wollten sie entsorgen. Der war, wenn man es über die ganze Geschichte betrachtete, sowieso zu schwach. Gott, der Schwächling, der nicht wirklich helfen konnte und alles andere als allmächtig war. 400 Jahre griff er nicht ein. Jetzt schien er schon wieder auf Kreuzfahrt irgendwo im Nildelta zu sein.

Überdeutlich tritt in dieser Krise hervor, wie schwach die Israeliten Gott einschätzten.

Was ist dein Gottesbild? Ist es ...

GOTT, DER RICHTER?
Er liebt es, zu verurteilen. Sein Spitzname: der Blitzkastengott! «Blitz, blitz ... hab ich dich! Schon wieder zu schnell gefahren! Das gibt ein saftiges Bußgeld, Schwester!»

DER LIEBE GOTT?
Er hält immer ein nettes Wort bereit und fährt liebevoll über den Kopf seiner Schäfchen.

So sehe *ich* ihn übrigens. Das wiederum hat viel mit meiner Mutter zu tun.

Eines Tages kam ich mit einer schlechten Schulnote im Ranzen und einem Tomatengesicht nach Hause. Die Note war so richtig mies, wirklich überaus gewaltig schlecht.

Meine Mutter nahm mich auf ihren Schoß, und mit der Coolness eines sibirischen Tankwartes meinte sie: «Mein Sohn, es gibt wichtigere Sachen im Leben als gute Noten, zum Beispiel Freude am Leben, Freundschaft, Liebe und Glaube.»

Dieses Bild prägt sich mir ein. Egal, wie schlecht ich war, meine Mutter mochte mich immer. Und so verhielt es sich mit Gott: Er liebte mich immer! Bis heute trage ich dieses Gefühl in mir.

Jetzt denkst du: «Das ist doch prima für dich, Leo!» Die ganze Geschichte hat aber auch ihren Haken. Wenn ich einen Fehler mache, was ab und zu vorkommt, denke ich: «Das spielt doch keine Rolle. Ist doch alles halb so schlimm. Easy!»

Ich war mit den ICF-Pastoren auf einer Freizeit, als mich einer dieser Kirchenjunkies angrinste: «Kannst du dich daran erinnern? Vor einem Jahr hast du gegen mich im Pokern verloren!»

«Was habe ich? Im Pokern verloren? Naaaaaiiin! Ich gewinne immer gegen dich! An *das* erinnere ich mich!»

Ich verliere nie, weil ich eine Niederlage sofort verdränge und anschließend vergesse. Ich blende Fehler so schnell aus, dass sogar der Blitzkastengott das Nachsehen hat.

GOTT, DER AUFPASSER?
Gott, der dich mit hoch erhobenem Zeigefinger vor den Fallen dieser Welt warnt. Er sieht, wie du samstagnachts um die Häuser der Großstadt ziehst. Er hat noch viel größere Augen als Rotkäppchens Großmutterwolf. Sein Spitzname: GOOGLE EARTH GOD.

Vielleicht bist du mit einem solchen Gottesbild aufgewachsen. Ein lieber Bruder ermahnte dich: «Du kannst schon Spaß haben. Aber denke daran, Gott sieht alles. Und der Spaß kann ziemlich schnell zu Ende sein. Du weißt ja: Christen müssen artig sein, keine Partys, keinen Wein. Ein Bein, das sich zum Tanze regt, wird im Himmel abgesägt.»

GOTT, DER WUNDERDOKTOR?
Wenn man nur ordentlich betet, braucht man keine Medizin.

«Wir brauchen keinen Dr. Stefan Frank, den Arzt, dem die Frauen vertrauen. Jesus allein!» Diese Menschen organisieren Demos mit folgenden Spruchbändern: «God is the best – gebt den Apothekern den Rest!»

GOTT, DER TRÖSTER?
Wenn es mir schlecht geht, kann ich immer zu ihm kommen. 24 Stunden am Tag, 7 Tage die Woche, 365 Tage das Jahr, und im Schaltjahr kann ich noch einen zusätzlichen Tag Trost beziehen. Spitzname: TEMPO-GOTT.

GOTT, DER ZORNIGE?
Gott wird sauer, wenn ich sündige, und lässt mich schmoren.

Eine Frau suchte mit mir das Gespräch: «Ich wuchs in einer Kirche auf, in der nie gelacht wurde. Schließlich gäbe es auch nichts zu lachen in der Kirche, trichterte man mir ein. Und schau dir meine Familie heute an! Wir haben alle einen Schaden, was Kirche und Gott angeht. Wir haben verlernt zu lachen, denn für uns war der Glaube immer eine ernste Sache.»

GOTT, DER HELFER?
Gebet rein – Hilfe raus! Oft betete meine Mutter vor schwierigen Situationen. Wenn Gott das Gebet erhörte, tätigte sie eine fette Spende an die katholische Kirche. Das prägte mich. Mir wurde beigebracht: «Gott erhört meine Gebete, und ich unterstütze dafür die Kirche.» Der Helfergott wurde für mich zum Dealer-Gott.

DER FERNE GOTT?
Dieser Gott hält sich aus allem raus. Er hat sich längst verabschiedet und will von den Menschen nichts mehr wissen. Wieso würde er sonst Kriege und all das Elend zulassen? So sah mein Vater den da oben. Gott erhört Gebete sowieso nicht. Wie könnte er auch bei der großen Distanz? Er hat schließlich keine Ohren wie Rotkäppchens Großmutterwolf. Deshalb ging mein Vater lieber Hirsche jagen. Schließlich brauchte er etwas auf dem Teller. Hilf dir selber, dann hilft dir Gott!

Wie siehst *du* Gott? Viele Menschen sind verletzt und enttäuscht von «ihrem» Gott. So wie das Volk am Fuße des Sinai. Und weil die Israeliten genau wie wir nicht gerne verletzt werden, sagten die Menschen: «Das passiert uns nie wieder!»

Deshalb zimmern wir uns einen Wunschgott zusammen. Meistens wechseln wir dann von einem Extrem, so wie wir Gott erlebt haben, ins andere Extrem, so wie wir Gott gerne hätten.

Die Lebenskrisen müssen also für zwei Dinge geradestehen: Wir finden heraus, wer Gott für uns ist, und aufgrund unserer negativen Erfahrung schrauben wir uns einen Wunschgott zusammen.

WIR BASTELN UNS EINEN WUNSCHGOTT
2. MOSE 32,4 *[Aaron] nahm den Schmuck entgegen, schmolz ihn ein und goss daraus ein goldenes Kalb. Als es fertig war, schrien die Israeliten: «Das ist unser Gott, der uns aus Ägypten befreit hat!»*

Warum um alles in der Welt gossen sie ein goldenes Kalb? Hatte Aaron schweizerische Vorfahren? Ein Elefant wäre doch pompöser, ein Löwe königlicher und eine Giraffe stilvoller gewesen.

Die Israeliten hatten über 400 Jahre in Ägypten gelebt. Das hatte seine Spuren hinterlassen. Das Kalb genoss in Ägypten einen hohen Stellenwert. Es war in dieser Kultur ein verehrtes Sinnbild von Aggressivität, Sexualität, Vitalität und Stärke.

Die Israeliten setzten mit dem Guss ein Zeichen. «Wir wollen keinen saftlosen Gott. Wenn wir schon auswählen können, dann wollen wir gefälligst einen Gott der Macht und der Kraft, für den alles möglich ist! Keiner kann uns mehr stoppen. Kein Aufseher und kein Pharao!»

In 400 Jahren Gefangenschaft mussten die Israeliten all ihre Träume im Schweiße ihres Angesichts unter dem Lehm begraben. Das Volk sagte: «Das passiert uns nie wieder!» Sie wechselten von einem Extrem ins andere.

Vielleicht hast du bis heute gedacht, das goldene Kalb sei ein abschreckendes Beispiel für die unheiligen Christen in unseren Reihen, die Mühe haben mit dem Geld. Oder für die, die in ihrem Garten im Winter einen Schneemann-Götzen bauen. Doch diese Geschichte trifft dich und mich im Kern unseres Glaubensgeschäftes.

Wir alle sind große Meister in der Kalbsgießerei. Vielleicht besitzen wir kein Gold, aber so ein Teil lässt sich praktisch aus jedem beliebigen Material formen.

Und warum tun wir das? Weil auch wir sehr gerne von einem Extrem ins andere hüpfen. Es gibt nichts Neues unter der Sonne. Diese ach so bekloppten Israeliten schauen uns aus dem Spiegel an.

Ich möchte dir in folgendem Abschnitt anhand meiner und anderer Glaubensgeschichten erklären, was ich meine:

VOM PILATUSFAN ZUM KERZENHASSER
Ich wuchs katholisch auf. Liturgie, Kerzen, Weihrauch, Gebete zu Maria und dem Heiligen Pilatus gehörten für mich zum täglichen Brot. Falls mich das Glück fand, würde ich eines Tages über die Umwege der Heiligen bei Gott landen. Dann würde ich ihm sagen, dass ich alles als sehr, sehr kompliziert empfunden habe.

KAPITEL 6 – *Vergrößere Gott*

Eines Tages steckte mir ein Freund: «Mach es nicht kompliziert. Du kannst direkt mit Jesus reden.» Diese Aussage revolutionierte mein Leben! Ich konnte also tatsächlich direkt und ohne Kerze und Rauchschwaden mit Jesus sprechen. Wow, ich liebte es!

Was machte ich als ehemaliger Katholik? Ich verabscheute Liturgie und wurde zum König des Freestyle-Gottesdienstes. Für mich war Gott nur noch einfach. Simpel. Fresh and easy.

Einige Zeit später wurde ich zu einem Gebetstreffen eingeladen. Einer zündete eine Kerze an. Bei mir gingen gleichzeitig die Lichter aus: «Spinnst du? Hast du nicht mehr alle Schrauben im Schrank?» Er erschrak so sehr, dass er meinen Sprichwortfehler – anders als du – nicht bemerkte. «Ähhhh... warum? Ich dachte mir, ein bisschen Ambiente kann nicht schaden.»

«Ambiente?» Ich wurde richtig laut: «Ambiente? Mit meiner Frau, ja! Aber fürs Gebet brauche ich keine Kerze!»

Der Gebetsfreund war unterdessen von meinem Gegockel so verunsichert und nervös, dass er es mit Pusten nicht schaffte, die Kerze zu löschen. Er musste seine Finger zu Hilfe nehmen und verbrannte sich diese. Nach jenem Abend hatte ich einen Gebetsfreund weniger.

Mein Wandel vom einen ins andere Extrem hatte definitiv nicht nur positive Auswirkungen.

VON DER DENKERSTIRN ZUM WORSHIPPERHERZ

Der reformierte Glaube zeichnet sich durch Intellektualität aus. Martin Luther prägte den Satz: «Der Glaube kommt aus dem Wort.» Das könnte so verstanden werden, als wäre Glaube in erster Linie eine Kopfsache. Viele in der Landeskirche wachsen so auf und merken eines Tages, dass Glaube auch eine Herzensangelegenheit ist und sogar tiefe Leidenschaft auslösen kann.

Ein guter Freund von mir fing in der reformierten Kirche mit Worshipmusik an. Nach dem Motto «Jeder Christ ein Gitarrist» kaufte er sich einen Halleluja-Balken. Voller Leidenschaft führte er die Gottesdienstbesucher in einer intensiven Anbetungszeit vor Gott. Es dauerte nicht lange, und ein altgedienter Theologieprofessor kam auf meinen entfesselten gitarrenschwingenden Freund zu: «Junger Mann, ich würde gerne mal theologisch untersuchen, ob die Gefühle in diesem sogenannten ‹Worship› theologisch einwandfrei sind.» Mein Kumpel hätte dem Professor am liebsten die Gitarre über die Rübe gezogen. Aber das macht man nicht, schon gar nicht als guter Christ und Anbetungsprofi.

VOM EGOISTEN ZUM TOTEN

Für einen Atheisten gibt es nur «ich» und «jetzt». Wenn er eine lebensverändernde Begegnung mit Jesus hat, dreht sich bei ihm alles nur noch um Jesus. Das «ich» ist gestorben.

Kürzlich rief mich ein Kollege an, der erst vor kurzem sein alles auf den Kopf stellendes Rendezvous mit Jesus hatte. Er war aufgewühlt am Telefon und legte gleich im fünften Gang los: «Leo, ich verstehe das nicht! Warum sprecht ihr im ICF immer von ‹deiner Leidenschaft und deinem Traum›? Ich habe dreißig Jahre so gelebt: Was will ich? Aber Jesus ist doch ein General. Er befiehlt, und ich führe aus! Es geht eben gerade nicht um mich! Ich bin tot, tot, tot!» Dafür, dass er tot war, redete er recht viel.

Auch er machte in seinem Leben eine 180-Grad-Wendung und lief von einem Extrem ins andere. Und daraus, wie er Gott sah, machte er eine Theologie.

VOM CHARAKTERFESTEN ZUM WUNDERFREAK

Die Evangelikalen betonen normalerweise den Charakter. Es geht im Leben darum, Zerbruch zu lernen, tiefe Hingabe auszuüben und zu dienen. Tu was!

Eine Frau mittleren Alters rief mich begeistert an: «Leo, hör mir zu. Ich habe mich noch einmal bekehrt! Ich habe den Heiligen Geist entdeckt! Ich muss nichts mehr leisten! Die totale Freiheit! Ich erlebe Zeichen und Wunder! Das ganze Programm! Der Himmel ist offen! Und weil ich so frei bin, sage ich es noch auf Englisch: Heaven is open! Yie-haaa!»

Dienen war in ihrem Leben Geschichte. Nur noch Zeichen und Wunder waren gefragt.

VOM PRINZIPIENREITER ZUM EHRLICHKEITSLIEBENDEN

Die Charismatiker stellen normalerweise den Gott der Prinzipien in den Vordergrund. Wenn du das machst, geschieht jenes. Du säst, du erntest. Alles läuft nach biblischer Logik. Oft fällt irgendwann diese sogenannte Logik in sich zusammen.

«Ich habe für Heilung gebetet, und es hat nicht funktioniert. Ich habe gesät, und da wuchs einfach keine Möhre aus dem Boden. Da half der beste Kuhmist nichts!» Dieser Christ entdeckt plötzlich das Wort «Ehrlichkeit»: «Stimmt, es ist nicht immer alles logisch, und ich verstehe Gott nicht, warum er jetzt nicht heilt. Mir geht es im Moment nicht so gut.» Normalerweise hatte er Angst, so etwas auszusprechen. Denn was er sät, das wird er ernten. Doch auch wenn er es nicht sagte, ging es ihm immer noch schlecht. Komplizierte Sache, dieser Glaube! Doch nun hat er ja die Ehrlichkeit entdeckt, und er sieht Gott nur noch als ehrlichen Gott. Schwäche ist sein neues Credo. «Lasst uns alle unserer Schwachheit rühmen, Brüder und Schwestern!»

Wir kommen von einem Extrem ins andere. Wir haben uns einen Wunschgott gezimmert, der aus genau *einem* Aspekt besteht!

Dieses Bild ist nicht falsch, es ist einfach sehr einseitig.

In dieser Einseitigkeit beten wir dann auch einseitig zu einem einseitigen Gott.

Kennst du das?
>   Du betest für eine Sache.
>   Du willst sie unbedingt haben.
>   Gott erhört dein Gebet nicht.
>   Du bist stocksauer.

Zwei Jahre später realisierst du, dass die Erhörung deines Gebets eine Katastrophe gewesen wäre.

Mein Gebetsleben hat sich in den letzten Jahren aufgrund dieser Erfahrung stark verändert. Unterdessen weiß ich manchmal kaum, was ich beten soll.

Vorher lag ich Gott mit meinen Wünschen in den Ohren, ich war wü-

> *In dieser Einseitigkeit beten wir dann auch einseitig zu einem einseitigen Gott.*

tend, ich erhob meine Stimme, proklamierte und ließ meine Muskeln spielen. Und die sind nicht klein.

Aber wenn ich ehrlich bin: Um was ich da gerungen hatte, war oft nur egoistisch. Ich bin Gott von Herzen dankbar, dass er meine Gebete nicht erhört hat. Ich habe festgestellt, wie unglaublich wenig weit ich im Gegensatz zu Gott sehe.

Mein Gebet heute umfasst drei Worte:

«Gott, überrasch mich!»

Und das macht Sinn, denn ich habe keine Ahnung. Gott weiß, was gut ist, und seine Sicht ist grenzenlos. Gott ist mein Vater. Er will nur das Beste für mich. Nur verstehen wir es oft nicht.

ZERSTÖRE DEIN LIMITIERTES GOTTESBILD

2. MOSE 32,20 *Das goldene Kalb, das die Israeliten gemacht hatten, schmolz er ein und zerrieb es zu Staub; den Staub streute er ins Wasser und gab es den Israeliten zu trinken.*

Goldstaubtrinken ist ekelhaft. Doch Mose wollte seinen Landsleuten ein für alle Mal klarmachen, dass sie ihr begrenztes Gottesbild über Bord werfen müssen. Das angefertigte Gottesbild, das Kalb, bestand aus Gold. Das Gold stand also stellvertretend für ihr begrenztes Gottesbild. Deshalb mussten sie es runterschlucken, verdauen und ausscheiden. Es war nicht zu gebrauchen.

Gott fordert dich und mich heraus: Zerstöre dein falsches Gottesbild. Zerstöre dein Wunschbild. Zerstöre dein einseitiges Bild vom König aller Könige. Er hat so viel mehr drauf!

Wie ist dann Gott?

Im ganzen Neuen Testament gebrauchte Jesus immer wieder ein Bild.

> *«Gott, überrasch mich!»*

Die Gemeinde ist wie ein Körper. Der Körper besteht aus unzähligen Teilen, und es braucht die Milz ebenso wie das Hirn, sowohl das Ohr wie auch den linken Fuß, der gerne vor dem rechten aus dem Bett steigt, um uns den Tag zu vermiesen.

Alle Partien des Körpers sind wichtig. Alle Mitglieder der Gemeinde sind wichtig, da sie einen kleinen Teil der vielfältigen Herrlichkeit Gottes widerspiegeln.

EPHESER 4,15–16 *Stattdessen wollen wir die Wahrheit in Liebe leben und zu Christus hinwachsen, dem Haupt der Gemeinde. Er versorgt den Leib und verbindet die Körperteile miteinander. Jedes Einzelne leistet seinen Beitrag. So wächst der Leib und wird aufgebaut in Liebe.*

So vielfältig die Eigenschaften und Charaktere der einzelnen Mitglieder sind, so vielfältig ist Gott. Oft denke ich: «So, wie ich Gott sehe, so ist er.» Du denkst dasselbe für dich. Schon haben wir miteinander ein Problem. Mose würde uns am liebsten eine Goldstaub-Kur verschreiben.

Lass uns gemeinsam lernen und heute einsehen, dass wir zu klein denken. Gott ist so viel größer als unsere Vorstellungen, und nicht einmal all unsere verschiedenen Auffassungen zusammen können Gott erfassen.

Nimm zum Beispiel deine Hand. Sie zeigt wunderbar die fünf Grundrichtungen, wie Gott ist und welche Personen diese Eigenschaft von ihm widerspiegeln.

DAUMEN

Fangen wir beim Daumen an. Er ist stark. Er steht für Gott, der alle Macht hat. Gott prägt diese Welt und ist aktiv in der Geschichte. Die Apostel verkörpern diese Eigenschaft Gottes.

ZEIGEFINGER

Der Zeigefinger zeigt auf Punkte. Er steht für Gott, der auf übernatürliche Weise in unser Leben spricht, der Zeichen und Wunder tut. Die Propheten tragen diese göttlichen Eigenschaften.

MITTELFINGER

Der Mittelfinger ragt über alle anderen hinaus und schaut sich um. Er steht für Gott, der die Menschen sieht und sich danach sehnt, dass sie zu ihm umkehren. Der Evangelist trägt diese Seite von Gott in seinem Herzen.

RINGFINGER

Der Ringfinger trägt den Ring, den Schatz. Er steht für das Wort Gottes. Die Lehrer unter uns haben den Wunsch, dass wir die Größe Gottes in seinem Wort erkennen.

KLEINER FINGER

Der kleine Finger heißt kleiner Finger, weil er klein ist. Häufig wird er vergessen. Doch er ist derjenige, der beim Schlag der Faust auf den Tisch die anderen Fingerkumpels abfedert. Er steht für Gott, der sich um die anderen Finger kümmert und sie schützt. Der Hirte in der Gemeinde sorgt sich mit seiner seelsorgerlichen Ader um das Wohl jedes Einzelnen.

Der kleine Finger ist manchmal vielleicht frustriert, weil er nicht wahrgenommen wird. In einer schlechten Stunde ruft er aus: «Daumen, du hast eine Riesenklappe, und du, Mittelfinger, magst über alle hinausragen und am meisten gebraucht werden, aber ich fange euch auf! Ich bin ‹The One And Only›!»

Aus dem Nichts fliegt ein Ball in Richtung Hand. Und wer fängt den Ball? Der kleine Finger? Aber nein: die ganze Hand!

Mit jedem Händedruck erinnere ich mich als Apostel daran, dass Gott nicht in mein begrenztes Denken und mein peinlich kleines Schema passt. Deshalb schüttle ich den Menschen so gerne die Hände. Und eines Tages werde ich Seine Hand ergreifen. Die Hand Jesu.

Die Hand dessen,
der Feste feierte,
der Kinder umarmte,
der Kranke heilte,
der im Zorn den Tempel ausräumte,
der sich als Sieger bejubeln ließ,
der ausgebuht und gekreuzigt wurde,
der auferstand und uns eine Wohnung baut.
Ein Mann voller Wunder und Facetten,
voller Größe und Schönheit.

Und ich komme aus dem Staunen nicht heraus.

Ebenso viele Facetten zeichnen Gott aus. Die Juden haben dafür eine wundervolle Illustration in ihrer Theologie. Sie vergleichen Gott mit einem geschliffenen Diamanten, der in seiner Vollendung 72 Seiten hat. So besitzt Gott 72 Antlitze.

Und so, wie es wichtig ist, den Diamanten immer wieder zu drehen, um seine ganze Schönheit zu erfassen, so müssen wir auch Gott immer wieder von anderer Seite betrachten, um in seine Schönheit einzutauchen.

Die eine Facette, die du bisher von Gott kanntest, ist richtig. Jetzt gilt es, die 71 anderen zu entdecken. Viel Spaß!

KAPITEL 7

Überwinde deine Enttäuschungen

KAPITEL 7 – Überwinde deine Enttäuschungen

«Es gibt etwas, das mir kein Mensch wegnehmen kann, und das ist meine Freiheit, auf alles, was mir begegnet, auf meine Art zu reagieren.»

Viktor Frankl

Ein Herr lief auf seinem Weg zur Arbeit an einem Zoogeschäft vorbei. Ein Papagei meldete sich: «Hey, du siehst heute zum Kotzen aus!» Daraufhin verlangte der Mann vom Geschäftsinhaber, er solle dem Vogel doch Respekt und Nächstenliebe beibringen. Der Händler versicherte: «Ich werde mit meinem Papagei darüber reden. Es wird nicht wieder vorkommen. Es tut mir außerordentlich leid!» Als der Mann abends wieder am Laden vorbeilief, schrie der Papagei: «Hey du! Du weißt genau, was ich über dich denke!»

Das war genau das, was Mose Tag für Tag zu spüren bekam.

Mose erlebte unzählige Enttäuschungen und deftige Rückschläge.

Was nervte diesen armen Mann nicht alles in diesen vierzig Jahren Wüstenwanderung: Männer, Frauen, Situationen, Tiere, Umstände. Wie konnte er souverän bleiben ob all der Anfeindungen? Hinter seinem Rücken flüsterten sie: «Gott, der blöde Mose ist das Letzte!» Und wenn sie es einmal nicht sagten, sah er es in ihren Augen: «Du weißt genau, was wir über dich denken.»

Mose musste so viele Nadelstiche direkt ins Herz ertragen.

4. MOSE 21,4–5 *Doch unterwegs verloren sie die Geduld und klagten Gott und Mose an.*

Wie konnte Mose so souverän und positiv bleiben? Warum wurde er nicht saft- und kraftlos? Warum funkelten seine Augen noch im hohen Alter von 120 Jahren?

Wenn Menschen vom Leben enttäuscht sind, kannst du es in ihren Augen sehen. Sie sind matt und trüb. Die Rollläden sind unten.

Dass Mose die Freude nicht verlor, ist ein Wunder. Er begegnete so vielen Menschen, die ihm Lebensenergie raubten. Was war sein Trick im Umgang mit all den Sandhasen, komischen Käuzen und Nervensägen? Bitte, Mose, lehre uns!

Werfen wir einen Blick auf die verschiedenen Menschengruppen, die er in den vierzig Jahren in der Wüste erlebte.

DER SCHWAMM

Dieser Mensch benötigt ständig etwas, gibt aber niemals etwas zurück. Der sogenannte Spongebob. Er saugt dich aus!

Der Spongebob begegnete Mose in der Form der Ägypter. Sie benutzten die Israeliten, um ihre Häuser zu bauen: «Wir lieben euch nicht. Wir interessieren uns nicht für euch. Das Einzige, was wir von euch wollen, ist eure Manpower und euer Talent!»

Es gibt Menschen, die quetschen deinen ganzen Lebenssaft aus dir raus. Sie gebrauchen und missbrauchen dich für ihre Zwecke. Sie wollen mit deiner Kraft ihr Ziel erreichen. Wenn sie dich nicht mehr brauchen, lassen sie dich links liegen, und du stehst alleine und von allen verlassen da – ein schreckliches Gefühl.

Mose kannte den Wert seines Volkes und die Identität, die Gott seinen Leuten gab. Er wusste, Gott hatte ein vorbehaltloses Ja zu seinem Volk, und er machte seine Zuneigung nicht davon abhängig, wie viele Ziegelsteine sie in einer Stunde aufeinanderstapeln konnten.

DER HINTERHÄLTIGE

Dieser Mensch ist unkontrolliert, doppelzüngig und heuchlerisch – der Pharao.

Gutmütig sagte er: «Mose, morgen lasse ich dich mit deinem Volk ziehen. Ich schwöre es bei den Pyramiden, alter Freund!» Der nächste Tag kam. Der Pharao erwachte. Der Wind hatte sich gedreht: «Du, Mose, ich habe es mir anders überlegt. Ich habe ja bei den Pyramiden geschworen. Mir ist in den Sinn gekommen, dass man die unbedingt renovieren sollte. Ich kann euch doch nicht ziehen lassen. Du verstehst.»

Menschen versprechen etwas und ändern dann über Nacht ihre Meinung. Und du sagst: «Aber du hast es doch versprochen!» Wie gehst du damit um, wenn Menschen ihr Versprechen nicht halten?

Denke an die Folgen der Geschichte und präge sie dir fürs Leben ein.

Der Pharao erntete, was er säte. Bei der zehnten Plage starb sein erstgeborener Sohn. Die Saat zu diesem Ereignis lag Jahre zurück, als er die hebräischen Knaben ermorden ließ, weil er befürchtete, die Israeliten würden sich zu stark vermehren.

Gott traf den Pharao an seiner empfindlichsten Stelle. Der erstgeborene Sohn war traditionellerweise der Stolz Ägyptens.

Denke immer daran: Gott ist deine Gerechtigkeit im Leben. Er bringt die Geschichte zu Ende. Du musst dich nicht in Selbstjustiz üben. Gott kämpft am Ende immer besser für dein Recht als du.

Aus dieser Geschichte können wir auch eine zweite Einheit lernen:

Versprechen soll man einlösen.

Vor vielen Jahren habe ich versprochen, dass ich einen größeren Betrag auf das ICF-Konto überweisen würde.

Ich verkaufte mein Auto und die Vespa. Trotzdem fehlten mir 15 000 Schweizer Franken. Ich wusste, dass Gott mich ernst nahm und ich ernten würde, was ich säte. «Gott, du musst mir helfen, ich will mein Versprechen einhalten. Ich habe mich überschätzt. Ich brauche dich äußerst dringend!»

Zur gleichen Zeit bewarb sich eine Frau für Big Brother. Auch sie machte ein Versprechen: «Gott, wenn ich gewinne, gebe ich zehn Prozent der Summe an Menschen in Not weiter.»

Sie gewann und kassierte 150 000 Schweizer Franken.

Sie wurde in die Church eingeladen, in der ich Pfarrer bin.

Sie hörte mich predigen.

Gott flüsterte ihr ins Ohr: «Der Mann ist in einer Notlage. Gib ihm 15 000 Franken.»

Am Ende des Gottesdienstes lief die mir unbekannte Frau auf mich zu: «Ich habe Big Brother gewonnen und habe Gott versprochen, dass ich jemandem in Not 15 000 Stutz gebe. Ich habe das Gefühl, ich soll dir 15 000 Franken geben.»

Ich sagte: «Jawohl, das ist korrekt!»

Ich bekam das Geld und überwies es ins ICF.

Damit hatte ich mein Versprechen eingelöst. Und das war gut. Denn ich wusste, ich würde das ernten, was ich säte. Dieses Prinzip gilt für immer und alle.

Vermutlich hat die junge Frau nur gewonnen, weil ich das Geld brauchte. Wenn du ein Versprechen machst, löse es ein.

DER KONKURRENT

Dieser Mensch möchte besser sein als andere.

Miriam war eifersüchtig auf Mose: «Spricht Gott nur zu dir, kleiner Bruder? Gott kann doch auch zu mir reden! Und sowieso: Ich sehe viel besser aus als du!»

Sie fing an, Druck auszuüben, indem sie ...

1. Mose ein schlechtes Gewissen machte: «Hast du eigentlich das Gefühl, du seist was Besseres, dass Gott nur mit dir spricht?»
2. einen Fehler fand: «Mose! Du hast in der Wüste eine Frau aus einem anderen Volk geheiratet. Du weißt haargenau, dass das verboten ist. Schäm dich! Wie willst du unser Leiter sein? Wie willst du mit dieser Sünde in deinem Leben mit Gott sprechen? Das ist ja lächerlich!»

Das, was du bist, und so, wie du bist, ist ein Geschenk von Gott an dich. Jeder Mensch ist von Gott begabt und beschenkt. Deshalb musst du dich wie Mose nicht verteidigen oder schlecht fühlen, wenn andere eifersüchtig sind.

Weißt du, warum Gott Mose erwählt hat, trotz seiner Fehler und Sünden?

Weil er ihn erwählt hat. Punkt. Fertig. Es war seine Entscheidung.

Diese Lektion erteilte Jesus später auch Petrus: «Was geht es dich an, was ich mit Johannes anstelle? Wenn ich ehrlich bin, gar nichts! Kümmer dich um deinen eigenen Kram!»

> *Weil Gott ihn erwählt hat. Punkt. Fertig. Es war seine Entscheidung.*

Dasselbe sagt Gott zu dir und mir, wenn wir das Gefühl haben, er bevorzuge jemanden. Er interessiert sich für deine Geschichte und dein Leben, wie er es bei jedem Menschen auf diesem Planeten tut.

Eifersucht bei Petrus.
Eifersucht bei Miriam.

Was macht Eifersucht? Sie ist wie jede andere Sucht äußerst ungesund. Bei Miriam führte sie zu Aussatz.

Mein bester Freund und ich standen auf dieselbe Frau. Halbieren konnten wir sie nicht. Das wussten wir. Wir diskutierten. Wer hatte die besseren Argumente? Wer sollte sie bekommen? Am Ende beschlossen wir: «Komm, wir machen Schere, Stein, Papier!»

Als ich noch im Spiel realisierte, dass an dieser Frage unsere Freundschaft zerbrechen konnte, entschied ich mich, ihm die Frau kampflos zu überlassen. Die Freundschaft und das Wohlergehen meines Gefährten waren mir mehr wert als die Schmetterlinge im Bauch.

Manchmal lohnt es sich bei aufkeimender Eifersucht, einen Schritt retour zu gehen, sich zu demütigen, damit Gott jemand anderen erheben kann.

Ob die Frau an mir überhaupt Interesse gehabt hätte, ist eine andere Frage …

DER MIESMACHER

Dieser Mensch motzt fürs Leben gern.

Viele Israeliten waren alle zwei Wochen schlecht drauf und rissen alle, die noch bei guter Laune waren, mit runter. Sie verbreiteten eine miese Stimmung und vergifteten das Wanderklima. Sie beschwerten sich über das Wetter, die Route, die alten Kleider und über ihren Anführer. Sie kommentierten alles und waren dabei konsequent negativ.

Die Miesmacher hatten nur eines im Kopf: «Ich will negativ sein. Negativ! Negativ! Negativ!»

Ein Journalist, der durch viele negative Berichte auffiel, schrieb vor drei Jahren in großen fetten Lettern:

ICF ZÜRICH HAT ZENIT ERREICHT!

ES WIRD NICHT MEHR WACHSEN!!

LEO BIGGER ZU ALT!!!

Im Artikel fuhr er fort:

KAPITEL 7 — *Überwinde deine Enttäuschungen*

«Er ist so alt, dass er die Teenager nicht mehr erreicht. Man müsste ihn durch einen neuen, frischen Pastor ersetzen.»

Aufgrund dieses sensationellen Artikels kamen ICFler zu mir und sagten: «Lieber Leo, wäre es nicht langsam an der Zeit, ICF in andere Hände zu übergeben? Es gibt bestimmt Leute, die machen es besser als du!»

Ich trottete von dannen und dachte: «Ich bin schon eine ganz traurige alte Backpfeife!» Und wie so oft in diesen düsteren Momenten folgte noch der Hammer: Neben mir fing einer an, «Wind of Change» von den Scorpions zu pfeifen. Der Mutmacher des Tages! «Wusst ich's doch, es ist vorbei», dachte ich. Es rumorte in mir.

Drei Tage später war ich auf dem Flughafen. Ich passierte den Security-Check. Ein Mann kam auf mich zu. «Bist du nicht Leo?»

«Ja, der bin ich, war es schon immer und werde es immer sein.»

Der Fremde fuhr fort: «Ich habe so viel über ICF gehört!» *Endlich etwas Ermutigendes!* Sein Mund öffnete sich zum dritten Mal:

«Nur Schlechtes! Ich weiß nicht, was du als Leiter machst, aber du musst praktisch alles falsch machen!»

Zuerst der Journalist. Dann der Mann aus dem Nichts. Ich war zu alt. Ich sollte meinen Job übergeben. Ich machte alles falsch!

Dann saß ich im Flugzeug und dachte: «Wenn das Ding jetzt abstürzt, egal. Es tut niemandem weh.»

Der Teufel hatte mich dort, wo er mich haben wollte.

Er will, dass du am Boden kriechst wie eine Schnecke und du nicht mehr weißt, wo unten und oben ist.

Ich kam in Düsseldorf an. Mein Selbstvertrauen war auf den tiefsten Punkt ever gesunken. Ich predigte zwar, hatte aber die ganze Zeit diese Gedanken in meinem Kopf: «Ich bin zu alt und eine Pfeife und der schlechteste Mensch überhaupt. Auf der ganzen Erde!»

An diesem denkwürdigen Abend haben sich so viele junge Menschen für ein Leben mit Jesus entschieden wie in meiner ganzen Predigerkarriere vorher und nachher nicht mehr.

Erst kürzlich war ich wieder dort. Ein 20-jähriger Mann rannte aus dem Nichts auf mich zu. Er umarmte mich: «Halte mich fest! Kennst du mich noch?»

«Gib mir ein wenig Luft, lass mich dich anschauen!», japste ich.
Begeistert fuhr er fort: «Vor drei Jahren hast du gepredigt.»
«Ich erinnere mich, ich habe mich saugut gefühlt», sagte ich ironisch.
«Nach meiner Entscheidung für Jesus an diesem Abend kaufte ich eine Bibel. Seit da habe ich nur einen Wunsch: dass du eine Widmung in diese Bibel schreibst. Du bist mein geistlicher Vater!»

Miesmacher geben dir das Gefühl, du seist die größte Pfeife, die die Welt jemals gesehen hat!
Es ging nicht spurlos an Mose vorbei. Nicht an mir. Nicht an dir.
Weißt du, wie viele Miesmacher Gott an einem einzigen Tag in der Wüste tötete? 14 000 Stück.
Gott mag kein Miesmachertum.

DER MÄRTYRER
Dieser Mensch fühlt sich als Opfer und suhlt sich im Selbstmitleid.
Von denen wimmelte es in der Wüste. Jeden Tag dachten sie, die Wüste wäre die Hölle und es gebe niemanden auf der ganzen Erde, der so arm dran wäre wie sie. «Wir sind so arm. Wir essen jeden Tag Mannabrot. Unsere Haut wird schon ganz brotig! Manna ist nicht gut genug für uns. Manna, liebe Leute da draußen, könnt ihr euch vorstellen wie Hotdogs von IKEA. Wir essen fünf Stück und werden nicht satt. Wir Armen! In Ägypten gab es Melonen, Knoblauch und Krokosteaks, alles! Du bist schuld, du böser Mose! Ach, wir sind soooo arm dran!»
Vor einem Jahr ermutigte ich Männer und Frauen, in ihrer Ehe ehrlich zu sein.
Ein Paar ging nach der Celebration nach Hause. Mutig fing er an: «Schatz, darf ich heute ganz ehrlich sein?»
«Ja logisch, das hat Leo doch gesagt. Ehrlich sein, das ist positiv!», freute sie sich.
«Okay. Schatz, ich betrüge dich schon seit Jahren. Und weißt du, was auch noch: Ich liebe dich überhaupt nicht. Und ich bin jetzt so ehrlich, ich packe meine Siebensachen und ziehe aus.»
Ein paar Tage später schrieb diese Frau 'ne E-Mail: «Danke, lieber Leo,

fürs ICF und für deine super auferbauende Predigt. Das hat bei uns eine solche Ehrlichkeit ausgelöst, dass mein Mann uns verlassen hat. Vielen Dank für die geniale Kirche!»

Nach dem Lesen der Mail musste ich mir sagen: «Ich bin nicht das Problem im Leben dieses Paares, ich habe nur etwas ausgelöst.»

Mose löste etwas in den Menschen aus. Doch als Auslöser war er nicht das Problem dieses Volkes. Vielmehr hatte das Volk ein Problem mit Gott im Himmel.

DIE DAMPFWALZE

Dieser Mensch fährt über alle anderen hinweg.

Bileam rollte wie eine Dampfwalze über die Leute hinweg. Er taucht als zwiespältiger Prophet in der Geschichte der Israeliten auf, der je nach Laune mal die Menschen segnet und mal verflucht. Ohne Rücksicht auf Verluste betrieb er geistlichen Missbrauch und spielte mit den Gefühlen der Menschen, die nicht wussten, wie ihnen geschah.

Ich erinnere mich an eine Frau. Jedes Mal, wenn ich in einer Predigt über Leiterschaft redete, zitterte sie am ganzen Körper. Als ich sie darauf ansprach, erzählte sie mir ihre Geschichte:

«Ich bin im Glauben aufgewachsen, dass man immer das tut, was der Leiter sagt. Ein Prophet besuchte unsere Gemeinde, und er sagte mir, wer mein Mann werden würde. ‹Wenn der Prophet das sagt, dann musst du es unbedingt machen! Der Prophet ist gesalbt. Was er sagt, kommt direkt von Gott›, sagte mein Pfarrer. So heiratete ich aufgrund der Prophezeiung besagten Mann. Nach drei Jahren merkte ich, dass dieser Mann ein Waschlappen war. Im vierten Jahr merkte ich, wenn ich so weitermachen würde, würde ich zugrunde gehen. Ich ließ mich scheiden und wurde deswegen aus der Kirche gekickt. Ich verließ meine Heimat und kam in die Schweiz. Wann immer du jetzt über Unterordnung und Leiterschaft sprichst, kommt die ganze Geschichte in mir hoch.»

Das nennt man geistlichen Missbrauch.

Ich bekomme oft Mails mit ähnlichem Inhalt:

«Gott hat mir einen Traum für dich gegeben, Leo! Gott sagt, du musst das und jenes in deinem Leben machen!»

Am Anfang beeindruckten mich diese Mails. Ich nehme Gott schließlich ernst. Niemand will den Willen Gottes nicht erfüllen. Doch in all den Jahren habe ich etwas eminent Wichtiges herausgefunden:

Wenn Gott dir etwas Wichtiges mitzuteilen hat, sagt er es dir höchstpersönlich.

Schließlich weiß er, wo dein Haus wohnt! Er kennt deinen Namen. Er weiß, wie viele Haare von deinem Kopf auf den Boden fallen, er zählt sie. Weil ihn alles an dir schrecklich interessiert. Deshalb: Wenn Gott mit dir reden will, weil ihm etwas wichtig ist, dann spricht er mit dir!

DER MÜLLSAMMLER

Diese Person umgibt sich mit negativen Menschen und sammelt die Sünde richtiggehend ein.

Einige der Israeliten hatten sich zu Müllsammlern weitergebildet. Sie fingen an, fremde Frauen aus anderen Stämmen zu heiraten und deren Götter anzubeten, obwohl Gott sie durch Mose ausdrücklich davor gewarnt hatte. Mose wusste genau, dass Gott nicht easy war, wenn er einen Befehl durchgab. An einem Tag mussten deshalb 24 000 Menschen sterben.

Es geht hier nicht um den gemeinen Gott, sondern darum, dass Sünde nicht drinliegt und schlussendlich immer zerstört und von Gott trennt.

Ich saß in einer Runde unter Freunden, die zu fortgeschrittener Stunde immer persönlicher wurde. Schließlich gelangten wir zu der finalen Frage: «Was ist das größte Problem in unserem Leben?»

> *Wenn Gott dir etwas Wichtiges mitzuteilen hat, sagt er es dir höchstpersönlich.*

Da ich Ehrlichkeit schätze, fiel es mir nicht schwer, den Anfang zu machen: «Eines meiner größten Probleme sind meine blauen Adleraugen. Ich sehe Sachen sehr genau! Ich liebe es, Menschen genau anzusehen, besonders Frauen! Ich habe da einen Super-Scanner von oben bis unten, der mich oft in Not bringt. Ich wünsche mir von ganzem Herzen, meine Augen unter Kontrolle zu haben und nicht jeder Frau nachzulinsen. Ich möchte nur noch meine Frau anschauen.»

Nach betretener Stille, ganz nach dem Motto: «Das Schweigen der

Männer», machte sich dann doch ein allgemeines Feedback breit: «Leo, das ist doch kein Problem. Das machen doch alle!»

Wenn es alle machen, heißt das für mich noch lange nicht, dass es auch okay ist. Es ist jammerschade:

Statt uns für das Gute zu motivieren, sagen wir: «Hey, ist doch easy, Mann! Alle machen das! Es gibt viel schlimmere Sünden!»

Das ist Müllsammler-Mentalität.

Müllsammler reißen andere Menschen mit, und alle versinken dabei Hals über Kopf im Müll.

DIE KALTE SCHULTER

Diese Person zieht sich zurück und vermeidet den Kontakt.

Zippora, die Frau des Mose, spielt am Anfang eine wichtige Rolle im Leben von Mose und dem Volk. Je weiter du aber in der Bibel liest, desto weniger kommt Zippora vor, bis sie dann am Schluss ganz von der Bühne verschwindet.

Es gibt Menschen, die für dein Leben entscheidend waren. Aus irgendeinem Grund ziehen sie sich zurück und sind plötzlich nicht mehr da. Wichtige Menschen, die sich von dir wegbewegen, nehmen immer einen Teil deiner Geschichte und deines Herzens weg.

DER VULKAN

Diese Person staut Druck in sich auf und explodiert unerwartet.

Mose überlebte alle: Schwämme, Fiese, Konkurrenzgeile, Miesmacher, Märtyrer, Walzen, Müllmänner und Menschen, die ihm die kalte Schulter zeigten.

> *Statt uns für das Gute zu motivieren, sagen wir: «Hey, ist doch easy, Mann! Alle machen das! Es gibt viel schlimmere Sünden!»*

Doch eines Tages explodierte er wie ein Vulkan. Sein treuer Helfer, der Stab, musste dran glauben: «Ich mag nicht mehr! Ich habe die Schnauze gestrichen voll! Ich haue jetzt einfach auf diesen dämlichen Felsen!» Eine Explosion hat immer zerstörerische Wirkung und fatale Folgen. Mose kostete sein Wutausbruch schlussendlich das Ticket ins Honigland.

An einem Donnerstagabend explodierte ich wie ein Vulkan. Jeweils

KAPITEL 7 – *Überwinde deine Enttäuschungen*

donnerstagabends koche ich für meine Familie: Gummibärchen, Schokolade, Eis und Limo. Das ist mein Menü. Ich bin ein sehr begabter Koch.

An jenem Abend trat meine Susanna mit einer kleinen Bitte an mich heran: «Kannst du für die Jungs die Ovomaltine zubereiten?» Ich schüttete das göttliche Schweizer Pulver in die Milch, steckte die Röhrchen ins Glas, setzte die Boys aufs Sofa und ließ sie bei mir andocken. Alles erledigt.

Dann sagten meine Jungs: «Papi, das kannst du gar nicht. Das kann nur Mama. Mami macht die beste Ovo! Das ist viel zu schwer für dich!»

In mir explodierte es, und die Lava schoss von null auf hundert in einer Sekunde: «Das lass ich mir nicht bieten in meinem Haus! Wenn ihr mich, den Neunzehn-Punkte-Koch, so beleidigt, dann fällt das Essen heute Abend aus! Außerdem ist euer Taschengeld gestrichen und alles, was Spaß macht, obendrein! Fertig! Punkt!! Aus!!!»

Wenn ich explodiere, und das geschieht nicht so oft, sag ich nur: Run, Forrest, run!

Die Kinder zitterten. Ich holte noch einmal Anlauf: «Weg! Ich will euch nicht mehr sehen!»

Simon heulte über eine Stunde. Ich sagte zu meiner Beruhigung: «Egal, es gibt eine Linie, und die ziehe ich jetzt durch!»

Als Vulkantyp kannst du die Menschen um dich herum äußerst heftig verletzen. Schon bald bereute ich meine fatalen Aussetzer und bat meine Familie innigst um Entschuldigung.

> *Die Person, die mich am meisten verletzt, ist mein größter Coach. Die Situation, die dir am meisten wehtut, ist dein bestes Übungsfeld im Leben.*

Die große Frage des Kapitels steht immer noch im Raum:

Wie konnte Mose trotz vierzig Jahren Gemotze, Geheule und Gehässigkeiten ein Mann mit leuchtenden Augen bleiben?

Was war sein Geheimnis?

In all den Jahren wusste Mose:

Die Person, die mich am meisten verletzt, ist mein größter Coach.

Die Situation, die dir am meisten wehtut, ist dein bestes Übungsfeld im Leben.

Im Umgang mit schwierigen Menschen lernst du, dein Herz auf- und weit zu machen. Und wenn Gott etwas will von uns, dann ist es ein Herz, das größer und größer und größer wird!

EIN EINFACHES UND DOCH SO SCHWERES REZEPT

Mose entwickelte in all den Jahren ein Rezept zur Bekämpfung all dieser negativen Einflüsse. Er kreierte ganz konkrete Überlebensstrategien im Dschungel der Begegnungen und im Sumpf des Gemotzes.

4. MOSE 14,19 *Vergib diesem Volk, wie du es auf dem ganzen Weg von Ägypten bis hierher immer wieder getan hast.*

Mose blieb ein positiver Mensch, weil er immer wieder die Kraft des Gebets in Anspruch nahm. Immer und immer wieder brachte er die Menschen vor Gott: «Gott, vergib ihnen! Vergib dem Schwamm, dem Müllsammler und allen anderen. Sie wissen nicht, was sie tun.»

Mose ging dann eine Extrameile. Er schaffte es, sich von Gott mit übernatürlicher Kraft füllen zu lassen, und er liebte das Volk tatsächlich. Sein Rezept:

1. Er liebte sie.
   «Gott, wenn du sie vernichtest und ihnen nicht vergibst, dann will auch ich nicht, dass du mich liebst.» Mose war alles andere als nachtragend. Wie die eigenen Kinder, die man nach dem größten Unfug wieder in die Arme schließt, liebte Mose die Kinder Gottes. Das ist eine unglaubliche Qualität von Liebe, die Mose als Mann des Glaubens auszeichnet. Er war erfüllt mit dieser einzigartigen göttlichen Liebe, die jeden einschloss!

2. Er betete für sie.
   Fürbitte für die Menschen, die gegen Mose arbeiteten, ihn enttäuschten und verletzten, war der einzige Weg, die Bitterkeit in die Wüste zu schicken.

«Leo, du verlangst zu viel!», sagst du. «Wie kann ich diesen Menschen segnen, nach all dem, was er mir angetan hat?»

Corrie ten Boom war im Zweiten Weltkrieg im Konzentrationslager. Alle ihre Liebsten ließen dort auf grausame Art und Weise ihr Leben. Nur sie nicht. Sie erlebte durch den KZ-Aufseher tiefste Demütigung, indem sie sich vor ihm immer wieder splitternackt ausziehen musste. In ihr wuchs ein abgrundtiefer Hass auf diesen Mann, der ihre Familie auf dem Gewissen hatte.

Jahre später predigte sie in Holland. Nach ihrer Botschaft sah sie sich mit einer langen Schlange von Menschen konfrontiert, die ihr die Hand schütteln und kurz mit ihr sprechen wollten. Plötzlich stand der KZ-Aufseher vor ihr. Er streckte ihr die Hand entgegen. Voller Abscheu sprach Corrie innerlich mit ihrem Herrn: «Ich kann diesem Mann nicht vergeben!» Gott sagte sanft: «Gib ihm wenigstens die Hand.» Mühsam rang sie sich durch und nahm die entgegengestreckte Hand. In diesem Augenblick fiel aller Hass auf wundersame Weise von ihr ab. Sie konnte ihrem Peiniger vergeben.

Wenn du vergeben möchtest, es dir aber unendlich schwerfällt, gibt es keinen anderen Weg als die Fürbitte. Sie ist die Tür, die du für Heilung aufmachst. Und manchmal fängt alles mit einem Händedruck an.

3. Er deklarierte nicht schlecht für gut.

   Trotz aller Liebe war Mose stets klar. Er hatte den Mut, die Sache beim Namen zu nennen, und überwand Harmoniesucht und Schönfärberei. Rede den Menschen nicht nach dem Mund, damit sie sich besser fühlen. Rede Klartext. Sünde bleibt Sünde.

4. Er blieb selber gesund durch Dankbarkeit.

   Wie blieb Mose dankbar? Er richtete seine Augen immer und immer wieder weg von den Menschen und auf zu Gott. Er schaute Gott an, er saugte ihn förmlich in sich auf und verbrachte Qualitätszeit in seiner guten, kraftvollen Gegenwart. Nach den Sessions mit Gott strahlte er wie eine Armee Glühwürmchen, weil Gott ihn erfrischte und glücklich machte!

Moses Dankbarkeit und seine Hoffnung gründete alleine in Gott, seinem besten Freund. Sprich jetzt und so oft du kannst das Gebet der Dankbarkeit. Danke Gott, dass du lebst und dass du für immer zu ihm gehörst.

Unsere Augen sollen für immer voller Leben funkeln.

<u>«Nicht die Glücklichen sind dankbar. Es sind die Dankbaren, die glücklich sind.»</u>

Sir Francis Bacon

KAPITEL 8

Werde Manager

«Wo jemand die Liebe Gottes erwidert, da empfängt er Freiheit: die Freiheit, das nun in eigener Verantwortung zu tun, was Gott gemeint hat.»
Helmut Thielicke

Endlich erreichen wir nun in diesem Kapitel das verheißene Land. Bevor wir es entern, werfen wir einen letzten Blick auf die entscheidenden Phasen in der Geschichte der Israeliten, denn:

1. KORINTHER 10,11 *Alle diese Ereignisse sind uns als Beispiel gegeben.*

Paulus spricht in diesem Bibeltext von den Ereignissen im Leben des Mose, des Volkes Israel, von Ägypten, dem Land Kanaan und der später folgenden Gefangenschaft in Babylonien.

Wenn wir uns Zeit nehmen und uns die Mühe machen, die verschiedenen Phasen der Geschichte des Volkes zu studieren, können wir viel lernen und profitieren.

Die Juden lesen die Bibel als Geschichtsbuch. Sie sprechen vom Gott Abrahams, Isaaks und Jakobs. Gott hat mit diesen großen jüdischen Männern Geschichte geschrieben.

Ich möchte in diesem Kapitel ganz bewusst die Geschichte aus jüdischer Sicht anschauen und gehe dabei historisch, bildhaft und systematisch vor.

Das Neue Testament spricht immer wieder davon, dass all die Elemente der Geschichte des Volkes Israel für das Leben eines Christen stehen.

> *Das Leben in Ägypten steht für das Leben unter dem Feind Gottes, dem Teufel.*

Der erste Abschnitt der alttestamentlichen jüdischen Geschichte des Volkes Israel spielt sich in Ägypten ab. Ägypten steht bildhaft für ein Leben ohne Gott. Ein Leben ohne Saft.

ÄGYPTEN – LEBEN OHNE GOTT

2. MOSE 1,11 *So zwang man die Israeliten zur Sklavenarbeit und setzte Aufseher über sie ein.*

KAPITEL 8 – *Werde Manager*

Die Israeliten waren den Ägyptern als Sklaven komplett ausgeliefert.

Das Leben in Ägypten steht für das Leben unter dem Feind Gottes, dem Teufel.

Es ist ein Leben ohne die Frische und Nähe Gottes. Ein Leben ohne die unbezahlbare Liebe und Annahme von Gott. Ein Leben in grau. Ein Leben ohne Freiheit.

Wir assoziieren heute mit Ägypten Badeurlaub, bezaubernde Tauchgänge, Wasserpfeifen und romantische Sonnenuntergänge. Pyramiden, Kleopatra und Kamelrennen dürfen nicht fehlen. Und natürlich die charmanten Scheiche von Scharm El-Scheich!

Die Bibel jedoch erwähnt Ägypten alles andere als in einem positiven Zusammenhang. Ein Mensch, der Gott nicht kennt, lebt unter dem Einfluss des Feindes. Egal, ob er das weiß oder nicht, ob er das will oder nicht. Er ist versklavt.

Wie kommt man aus Ägypten raus?

Durch den Auszug aus Ägypten. Der Exodus steht für die Entscheidung für Gott.

Die Israeliten mussten sich bewusst entscheiden, ihre Schlafmatten und Kuschelteddys zu packen und auszuziehen. Du musst dich bewusst entscheiden, Jesus nachzufolgen.

Der Weg der Israeliten war mit vielen Schwierigkeiten gepflastert. Vorher gab es die zehn Plagen, die auch die Israeliten tangierten, und schon bald ritten die ägyptischen Krieger mit weißen Flatterröcken und wehender schwarzer Mähne ihnen hinterher und jagten ihnen Angst und Schrecken ein. Die israelitischen Kinder schrien laut auf: «Uäähhhh, die spitzen Nasen sind hinter uns her!»

> *Wie kommt man aus Ägypten raus? Durch den Auszug aus Ägypten. Der Exodus steht für die Entscheidung für Gott.*

Die Entscheidung für Jesus ist oft umsäumt von Schwierigkeiten.

Ein Mann besuchte eine ICF-Celebration. Nach der Predigt kam er auf mich zu: «Ich will mein Leben Gott anvertrauen.»

«Kein Problem», erwiderte ich, «ich bete vor, du betest nach.»

Er stand da, und als ich zum Wort «Jesus» kam, blieb sein Mund stehen.

Er brachte kein Wort mehr raus. Ich forderte ihn auf: «Okay, nimm ein Blatt Papier und schreibe es auf!»

Er wollte «Jesus» schreiben, aber sein Arm wurde steif. Ich sagte: «Schau mir in die Augen!» Und er schloss seine Augen. Er stand wie hypnotisiert da. Der Teufel kämpfte wild entschlossen um sein Herz.

Ich habe dem Dämon im Namen Jesu geboten, aus diesem Mann zu fahren. Er knallte hart auf den Boden. Der Dämon ließ von ihm ab. Kurze Zeit später öffnete er seine Augen und lallte: «Ey, was geht ab?»

Wenn wir aus Ägypten ausziehen, findet ein Kampf statt. Der Feind will uns mit allen Mitteln im Land behalten. Deshalb ist die Entscheidung für ein Leben mit Gott oft mit Schwierigkeiten verbunden.

Weiter geht's ans Rote Meer.

Das Rote Meer steht für die Taufe.

1. KORINTHER 10,2 *Alle wurden im Meer und unter der Wolke auf Mose getauft.*

Die Israeliten stiegen hinunter zum Grund des Meeres und sagten dem alten einsamen Einsiedlerkrebs: «Hai!» Vor Schreck kam der nie wieder aus seiner Höhle hervor.

Am anderen Ende kamen sie wieder rauf. Das Meer schloss sich hinter ihnen. Sie wussten, dass es kein Zurück mehr gab. Das alte Leben in Ägypten ließen sie hinter sich.

Wenn du dich taufen lässt, tauchst du unter und bezeugst damit, dass dein Ego stirbt. Du zeigst damit, dass nicht mehr du Herr über dein Leben bist. Du sagst zu deinem alten Ich: «Nimm das. Stirb!»

> *Das Rote Meer steht für die Taufe.*

Das Auftauchen symbolisiert das neue Leben, die Auferstehung in Christus, die neue Kreatur. Du bist ein neuer Mensch, der nicht mehr unter der alten Herrschaft des Feindes und der Sünde steht. Gott hat dich neu gemacht, und du bist zu einem neuen Leben in der sensationellen Gegenwart Gottes berufen; einem Leben, das ewig dauern wird.

Durch die Taufe wirst du geeicht mit dem Heiligen Geist. Das bedeutet, deine Freiheit, deine Beziehung zu Jesus, die himmlische Party kann dir niemand mehr wegnehmen. Denn das Meer ist zu, der Feind kann nicht mehr zu dir! Ägypten ist hinter dir. Great!

In der heutigen Zeit tauft man oft wie beim Oktoberfest, im Schunkeltakt. Rauf und runter! Eigentlich schade, wenn man bedenkt, was da vor sich geht.

In den ersten 300 Jahren nach Christi Auferstehung taufte man Frauen und Männer folgendermaßen:

1. Du gingst Richtung Taufbecken und bekanntest anhand einer Liste deine Sünden.
2. Einen Schritt weiter, wurdest du von Dämonen befreit.
3. Anschließend stelltest du dich nur mit den Füßen ins Taufbecken. Die Zehen schrien auf: «Kalt!» Es war dir egal. Du setztest ein Zeichen: «Ab heute will ich deinen Weg gehen, Jesus!»
4. Einen Schritt weiter tauchten deine Hände ins Wasser. Das bedeutete: «Jesus, ab heute mache ich meine Hände für deine Arbeit schmutzig!»
5. Dann bist du untergetaucht bis zum Herzen: «Jesus, ich will von ganzem Herzen so lieben, wie du liebst!»
6. Erst zum Schluss wurdest du ganz untergetaucht. Weil du unter Wasser nur schlecht sprechen kannst, dachtest du: «Jesus, meine Augen, meine Ohren, meine Gedanken gehören dir.»
7. Als du das Taufbecken verließt, legte der Pfarrer dir seine Hände auf und betete, dass der Heilige Geist mit allen Gaben auf dich kommt, und versiegelte dich.

Das ist das komplette Bild der Taufe. Ich liebe es!

Als die Israeliten aus Ägypten ausreisten und durchs Meer zogen, geschah dies nicht in einem Zeitraum von fünf bis zehn Jahren. Es passierte alles in einem Zug.

Die meisten sagen: «Ich lasse mich am Meer taufen, nächstes Jahr. Dort gibt es Sonnenuntergänge und Flamingos, das sieht einfach besser aus und ist stimmungsvoller!» Oder: «Ich lasse mich taufen, wenn es stimmt und ich mich danach fühle.» Doch die Taufe gehört zur Entscheidung für Jesus dazu. So wie der Durchzug durchs Meer zum Auszug gehört.

Auf dem Weg ins verheißene Land gehört deine Taufe dazu. Damit lässt du hochoffiziell und extrem praktisch Ägypten und somit das alte Leben hinter dir.

Der zweite Abschnitt der alttestamentlichen jüdischen Geschichte des Volkes Israel spielt sich in der Wüste ab. Die Wüste steht für Überlebenswunder.

WÜSTE – ÜBERLEBENSWUNDER

5. MOSE 29,4–5 *Vierzig Jahre habe ich euch durch die Wüste geführt, und eure Kleider und Sandalen sind immer noch nicht verschlissen. [… Gott] hat euch mit allem versorgt, was ihr brauchtet. Ihr solltet erkennen, dass er euer Gott ist.*

Vierzig Jahre die gleichen Hosen, das geht noch in Ordnung.

Vierzig Jahre die gleichen Unterhosen, das ist ein Abenteuer. In der Wüste gab es keine Shoppingmall. Alle Männer sagten im Chor: «Halleluja!»

Die Wüste war nicht der Ort, den Gott für sein Volk längerfristig vorgesehen hatte. In der Wüste demonstrierte Gott himmlische Backkünste, fliegende Steaks und Wasserfontänen – Überlebenswunder. Die Israeliten brauchten diese Wunder Gottes, um zu überleben.

Sie sollten erkennen, dass er sie nie alleine lässt.

Im Neuen Testament nimmt Jesus Bezug darauf und spricht in diesem Zusammenhang vom Spatzenglauben. Die Lilien schminkten sich morgens nicht – und waren in ihrer ganzen Pracht schöner als der Womanizer Salomo.

Die Spatzen säten nicht und hatten trotzdem immer genug zu futtern. Gott versprach, er würde sich noch viel mehr um sie kümmern als um die Blumen und die Vögel.

Gott verspricht dir alles, was du zum Leben brauchst: Essen, Bett und Kleidung: «Ich sorge für dich.»

Gott wollte seine Jungs und Mädels nicht vierzig Jahre durch die Wüste führen. Er wusste, es gibt noch schönere Fleckchen auf seinem Planeten.

MARTIN LUTHER

Martin Luther wurde depressiv: «Wenn sich in der Kirche nichts ändert, ist das eine Katastrophe!» Er wollte seinen Job als Mönch und seinen Glauben an den Nagel hängen. Der barmherzige Gott begegnete ihm: «Martin, du kannst die Kirche nicht menschlich verändern, du musst sie göttlich verändern.»

In der Folge gelang es Luther, eine göttliche Sicht der Kirche zu erlangen, und er formulierte folgenden Satz:

«Ecclesia reformata semper reformanda.»

Übersetzt: «Die reformierte Kirche ist fortwährend zu reformieren.» Die Kirche bedurfte und bedarf ständiger Erneuerung durch die Kraft und den Geist Gottes. Sie muss am Puls der Zeit sein. Großer Martin, danke für diesen Wert! Und wegen des Copyrights reden wir später.

Wie kommst du in dein Land Kanaan?

Du musst definitiv einen Gedankenwechsel vollziehen und lernen, mit Gottes Augen die Welt zu sehen. Nach Kanaan kamen nur Josua und Kaleb. Alle anderen ließ Gott in der Wüste zurück. Das ist keine leichte Kost!

> *Gott sagt: «Du bist das Wunder! Ich habe alles in dich hineingelegt, es ist in dir!»*

«Gott, wir bitten dich, gib uns deine Augen!»

Der dritte Abschnitt der alttestamentlichen jüdischen Geschichte des Volkes Israel spielt sich in Kanaan ab. Kanaan steht bildhaft für Management.

KANAAN – MANAGEMENT

JOSUA 5,12 *Von nun an ernährten sich die Israeliten nicht mehr vom Manna, sondern vom Ertrag des Landes Kanaan.*

Von einem Tag zum anderen hören die Überlebenswunder Gottes auf.

Warum?

Weil Gott sagt: «Du bist das Wunder! Ich habe alles in dich hineingelegt, es ist in dir!»

In der Wüste rieselte Brot vom Himmel. Im Land Kanaan gibt dir Gott den Samen in die Hände.

Du nimmst den Samen und streust ihn in den Boden.
Du begießt.
Du erntest.
Du mahlst das Korn.
Du knetest den Teig.
Du backst das Brot.
Du verkaufst und isst es.

In der Wüste flogen dir Steaks um die Ohren. Im Land Kanaan schenkt Gott dir Tiere.

Du züchtest Kühe.
Du schlachtest Kühe.
Du grillst T-Bone-Steaks über dem offenen Feuer.

Wie oft begreifen wir den Unterschied zwischen einem Leben in der Wüste und Kanaan nicht. Wenden wir uns dazu ganz dem Anfang der Bibel zu.

1. MOSE 1,28 *Er segnete [Adam und Eva] und sprach: «Vermehrt euch, bevölkert die Erde, und nehmt sie in Besitz! Ihr sollt Macht haben über alle Tiere.»*

Vermehrt euch! Das finde ich jetzt nicht sooo schwierig.

Nachdem wir das abgehakt haben, steckt in diesem Text eine tiefe Aussage mit einer noch tieferen Aufforderung:

«Ihr braucht keine Überlebenswunder, liebe Menschen. Ich gebe euch die ganze Erde. Alles gehört euch! Ich vertraue es euch an. Ihr habt Hände und Füße, einen Verstand. Macht was draus! Ihr seid Herr der Lage!»

Viele beten nach wie vor: «Oh Gott, ich brauche deine Hilfe, ein Wunder!» Und Gott macht es nach wie vor, weil er dich liebt. Aber das ist Wüstenmentalität!

Im Land Kanaan sagt Gott: «Es ist in dir!»

Es gibt ein Prinzip: Von nichts kommt nichts.

Ich würde es gerne komplettieren:

Und von etwas kommt etwas.

Ich checke jeden Sommer alle Lebensbereiche durch. Zu jedem Bereich überlege ich mir, wie ich ihn vergrößern kann. Ich will mein Land Kanaan vergrößern. Ich will unbedingt mein Management verbessern, und zwar in jedem Bereich. Ich will Entscheidungen treffen, die mein Gebiet vergrößern. Entscheidungen treffen zu können – das bedeutet Reichtum, das bedeutet, im Land, wo Milch und Honig fließen, zu Hause zu sein.

Hier sind die wichtigsten Bereiche:

GEMEINSCHAFT

Gott schenkte dir eine Familie, eine Frau und Kinder, Freunde, Kollegen, eine Kleingruppe ...

Was machst du mit diesen Beziehungen?

Viele heiraten, gehen in die Flitterwochen und posaunen es laut hinaus: «Ich habe die beste Frau geheiratet, die es gibt!»

Nach drei Monaten entdeckst du: «Die hat doch ein paar Ecken und Kanten, ja, sogar ein paar Fehler.»

Nach drei Jahren stellst du ernüchtert fest: «Die ist ja voll anders, als ich sie mir vorgestellt habe!»

> *Von nichts kommt nichts. Und von etwas kommt etwas.*

Nach dem harten Aufprall stehst du da und fragst dich: «Aber Chef, du hast mir doch diese Frau geschenkt?»

Aber klar doch hat Gott da seine Finger im Spiel! Das heißt aber noch lange nicht, dass du dich für den Rest deines Lebens zurücklehnen kannst. Es ist nicht immer alles cool. Deine Kinder sind nicht immer cool. Deine Kirche ist nicht immer cool. Es braucht Engagement und Management.

Wir gingen in die Ferien und erlebten die beste Zeit unseres Lebens.

Doch als wir zurückkamen, lief es merkwürdigerweise überhaupt nicht mehr. Samstag ist unser heiliger Tag, Bigger-Day, unser Familientag. Nach besagten Ferien war jeder Samstag eine Riesenkatastrophe! Die Jungs sagten: «Ihr plant dauernd so blöde Ausflüge. Ihr seid die komischsten Eltern, die es gibt! In Amerika war alles schön! Disneyland! McDonald's!»

Als die Boys an einem Samstag wieder mal ihrem Frust freien Lauf ließen, hatte Susanna genug. Sie packte säuerlich ihr Fahrrad und radelte um den See. Die Kinder setzten sich vor den Computer. Ich saß da und starrte an die Decke: «Ach, ihr könnt mich doch alle mal! Ich reiße mir den Hintern auf und überlege mir, was wir machen könnten! Okay, dann macht halt jeder, was er will! In acht Jahren sind meine Kinder sowieso ausgeflogen. Die Ablösungsphase kommt halt acht Jahre zu früh. Geht doch einfach alle fort!»

Und wie ich so auf dem Sofa saß und jammerte und mir nichts sehnlicher als ein Überlebenswunder Gottes wünschte, hörte ich die leise Stimme des Vaters im Himmel: «Land Kanaan heißt, es ist in dir. Du musst variieren und weiterentwickeln.»

Plötzlich realisierte ich, dass unsere Kinder nicht stehengeblieben waren. Ich musste unsere Strukturen und Prinzipien, die mal gut waren, weiterentwickeln und variieren. Ja, ich musste kreativ und innovativ werden! Dann traf mich der Blitz. Die Idee war geboren:

Wir hatten vier Menschen in unserer Familie, zwei Kinder, zwei Erwachsene. Und wir hatten vier Samstage pro Monat zur Verfügung. Vier und vier. Taraaa!

Und so machten wir es: Jeder von uns bekam die Aufgabe, einen Samstag pro Monat zu planen und durchzuführen. Er durfte ihn nach seinem Gusto vom Morgengrauen bis zum Sonnenuntergang füllen. Zwei Regeln waren dabei einzuhalten:

1. Man musste sich ans Budget halten.
2. Man durfte nur einmal pro Jahr dasselbe Programm durchführen. Sonst wären wir jeden zweiten Samstag, wenn meine Söhne dran waren, im Wasservergnügungspark bei uns um die Ecke gelandet.

Wie brillant! Dasselbe machte ich mit dem Donnerstagabend, an dem ich bis dahin für meine Familie kochte. Ihr erinnert euch: Gummibärchen, Schokolade, Eis und Limo. Ab sofort wurden nun die Donnerstagabend-Dinner unter uns vieren aufgeteilt. Jeder musste selber planen, einkaufen und kochen. Das ganze Programm.

Unser Jüngster, Stefan, schaute mich schockiert an: «Aber Paps, ich kann doch gar nicht kochen!»

«Stimmt nicht, mein Sohn», entgegnete ich, «ich kann auch kochen: Gummibärchen, Schokolade …» Er begriff und strahlte.

Freudig erstellte ich eine Jahresliste mit allen Samstagen, Donnerstagen und allen Feiertagen und stellte das Budget auf. Seitdem haben wir die besten Samstage und Donnerstage ever!

Was ich damit sagen will?

Im Land Kanaan sagt Gott zu dir: «Mach du das Wunder. Es liegt in dir. Du bist innovativ!»

Nimm mein Beispiel für dein eigenes Leben. Wenn du Single bist, warum machst du nicht ein Mal pro Woche einen Singleabend mit allen Singles, die du kennst? Okay, vielleicht brauchst du dazu ein riesiges altes Evangelisationszelt, aber hey: Von etwas kommt etwas!

Mach was aus deinen Talenten! Du sagst: «Ich habe nur eins. Du, Leo, hast fünf!» Und ich sage, es spielt keine Rolle. Der Punkt ist, investier dein Talent, mach etwas daraus!

Was ich auch jedes Jahr checke, ist meine Geldbörse.

GELD

Da unsere Kirche nicht von Steuern getragen wird, haben wir uns als Mitglieder der Kirche entschieden, zehn Prozent unseres Einkommens zu spenden.

Nach einigen Jahren entschied ich mich, mehr als zehn Prozent zu geben. Jedes Jahr ein wenig mehr.

Das Problem, das daraus resultierte: Ich verdiente nicht mehr. Das heißt, ich musste andere Einnahmequellen finden. Ich könnte zum Beispiel Vögel züchten oder Tulpen anbauen. Es gibt immer einen Weg. Mein Sohn fand auch einen.

Unser Stefan wollte sich unbedingt eine gewisse Sache im großen Einkaufszentrum kaufen. Dummerweise hatte er alles Geld schon ausgegeben. Auf meinen Rat hin überlegte er sich, wie er an das Geld kam.

Im Garten lagen schöne große Steine, die wir mühsam aus dem letzten Tessin-Urlaub über den Gotthard nach Hause geschleppt hatten. Stefan ging in den Garten und zerhämmerte die Brocken. Er bohrte an den kleinen Stücken rum und bearbeitete sie mit Schleifpapier. «Was machst du da?», wollte ich wissen. Doch der Junge ließ sich nicht ablenken. Er stellte einen Tisch an die Straße vor dem Haus, wo ab und zu Menschen mit ihren Einkaufstaschen vorbeilaufen. Dann packte er die kleinen Steine drauf und schrieb mit großen Buchstaben auf ein Stück Papier, das er gut sichtbar am Tisch befestigte:

EDELSTEINE AUS DEM TESSIN!

Pro Stein verlangte er fünfzig Rappen bis zwei Franken. Nach einer Stunde stürmte er strahlend das Haus: «Paps, ich habe zwölf Franken verdient! Den Zehnten gebe ich ins IFC. Der Rest reicht aus. Komm, wir fahren ins Einkaufszentrum!»

Das meine ich: Du hast bestimmt auch einen Stein im Garten. Gott ermutigt uns, mehr zu geben, unser Geben zu vergrößern. Das ist Land-Kanaan-Mentalität. Werde kreativ und innovativ!

Jedes Jahr will ich auch in meinem Glauben neue Schritte wagen.

MEIN GLAUBE

Spurgeon, einer der größten Kirchenmänner aus dem 19. Jahrhundert, stellte mit 56 Jahren fest: «Mir ist langweilig. Ich predige immer nur in der Kirche.»

Von diesem Jahr an fügte er seinem Job jedes Jahr ein neues Element hinzu. Er machte etwas, das er noch nie gemacht hatte. Er fügte der Gemeinde einen neuen Zweig bei. Er gründete etwas.

Wenn ich meinen Arbeitsbereich nicht vergrößere, wird es langweilig, und ich bleibe stehen. Gott gab dir Glauben. Der Glaube wagt immer wieder Neues!

Wie kannst du deine Kleingruppe vergrößern? Wie kannst du deinem Bereich in der Kirche neue Zweige hinzufügen? Wie kann unsere Kirchenmusik sich in eine neue Richtung bewegen? Wie kannst du expandieren?

Management bedeutet: Du hast eine neue Gesinnung. Eine Gesinnung, die förmlich das Neue anzieht.

Der vierte Abschnitt der alttestamentlichen jüdischen Geschichte des Volkes Israel spielt sich in Babylonien ab. Babylonien steht bildhaft für Überheblichkeit und Vergessen.

BABYLONIEN – VERGESSEN

5. MOSE 9,6 *Begreift doch, ihr habt dieses gute Land nicht verdient! Im Gegenteil, ihr seid ein widerspenstiges Volk.*

Das Volk vergaß die Wunder, wie sie ins Land von Milch und Honig kamen und wie Gott es ihnen zum Managen zur Verfügung gestellt hatte. Deshalb führte sie Gott in die Gefangenschaft von Babylonien. Babylonien und Ägypten bedeuten dasselbe, und der Kreislauf wiederholte sich.

Für uns ist Babylonien ein Warnschild: Vergesst nie, was Gott in eurem Leben Gutes getan hat und was er euch alles geschenkt hat. Vergesst nie, dass ihr alles, was ihr seid und habt, Gott verdankt. Von ihm kommt ihr, durch ihn lebt ihr, zu ihm geht ihr!

Wie kommst du ins Land Kanaan?

- Durchs Rote Meer.
- Indem du die Wüstenmentalität ablegst und sagst: «Ich bin ein Manager. Gott gab mir Talente, Zeit und Fähigkeiten, und ich werde sie einsetzen für meinen Gott im Himmel, dass die Welt nur noch staunt!»

Das ist, so glaube ich, Gottes Sicht über deinem Lebensweg.

KAPITEL 9

Gib nie auf

KAPITEL 9 – *Gib nie auf*

«Denke nicht so viel darüber nach, wer für oder gegen dich ist, verwende lieber all deine Sorge darauf, dass Gott bei allem mit dir ist.»

Thomas von Kempen

4. MOSE 13,27 *Wir sind in dem Land gewesen, in das du uns geschickt hast. Du hattest Recht: Dort fließen Milch und Honig. Sieh dir nur diese Früchte an!*

Gott hat nicht nur den Hebräern ein schönes Fleckchen Erde versprochen, sondern auch dir.

Vor dir liegt ein verheißenes Land, das du einnehmen kannst. Ein Land, in dem Milch mit deinem Lieblingsgeschmack fließt und herrlicher Waldblütenhonig von den Bäumen trieft. Ein Land, in dem es dir wohl ist und du all deine Stärken voll ausspielen kannst. Ein Land, wo alles Sinn macht.

Gott will, dass du dieses Land erreichst und dort ein Leben im Überfluss führst, in jedem einzelnen Bereich.

«Klingt wunderbar, aber ich lebe nicht im Überfluss», sagst du, «ich habe Kämpfe in meinem Leben, die ich nicht als Überfluss empfinde, eher als überflüssig. Warum, wenn Gott uns doch das verheißene Land versprochen hat?»

In dieser Frage übersehen wir gerne und oft eine Tatsache: Von dem Tag an, an dem du Jesus nachfolgst, hast du einen neuen Feind. Diesen Feind nennt die Bibel den Teufel. Er wird alles unternehmen, dass du und ich *nicht* ins verheißene Land hineinkommen, für das Gott uns bestimmt hat.

> *Jedes Fleckchen dieser kostbaren Erde mussten Josua und seine Jungs Zentimeter um Zentimeter erkämpfen.*

Wie kannst du das Land trotzdem einnehmen?

Josua, der das Volk schlussendlich aufs versprochene Fleckchen Erde führte, wurde immer wieder aufgefordert: «Sei mutig und stark! Hab keine Angst, du wirst das Land einnehmen!»

Der entscheidende Punkt, den wir bei dieser Geschichte oft ausblenden:

Jedes Fleckchen dieser kostbaren Erde mussten Josua und seine Jungs Zentimeter um Zentimeter erkämpfen.

Deshalb hatten sie und hast du diese Kämpfe auf dem Weg in dein persönliches verheißenes Land.

JOSUA 1,3 *Jede Stätte, auf die eure Fußsohlen treten werden, habe ich euch gegeben, wie ich Mose zugesagt habe (LUT).*

Du marschierst nicht einfach so ins verheißene Land rein, und der Himmel ist dann offen und alles gehört dir! Es ist kein Sonntagsspaziergang und schon gar nicht ein Ausflug durch die butterweiche Margarine.

Nein, du musst das Land mit jedem Schritt Zentimeter um Zentimeter einnehmen.

Wenn du im verheißenen Land leben willst, bleibt dir nichts anderes übrig, als dafür zu kämpfen.

Wie kannst du diese so entscheidenden Zentimeter gewinnen?

SEI MUTIG!

JOSUA 1,6 *Sei stark und mutig! Denn du wirst das Land einnehmen, das ich euren Vorfahren versprochen habe, und wirst es den Israeliten geben.*

Josua und Kaleb waren die einzigen beiden der Auszugsgeneration, die das Land erobern durften. Zwei Millionen Menschen verwehrte Gott den Eintritt, weil sie die ganze Zeit mit einem großen Zettel auf der Stirn rumgelaufen waren:

OPFER!

Dank ihrer Opfermentalität vergeudeten sie jede Sekunde ihres Lebens damit, ihr Leid zu beklagen: «Wir sind versklavt, und schuld ist der dumme Pharao!»

«Wir haben nichts zu essen und nichts zu trinken, und schuld ist Mose!»

«Wir können das Land nicht einnehmen, die Feinde sind zu groß!»

Sie sind immer das Opfer. Ich garantiere dir: Du wirst nie und nimmer das verheißene Land mit dieser vergifteten Opfermentalität erreichen! Eher gewinnt Luxemburg die Fußball-Weltmeisterschaft.

Leg sie ab. Ich flehe dich an: Leg sie ab!

Ein Mann suchte bei mir das seelsorgerliche Gespräch: «Ich habe Mühe mit Alkohol. Ich arbeite so hart, und abends komme ich nach Hause und bin so kaputt! Und wenn ich nicht vier Bier getrunken habe, finde ich nicht zur inneren Ruhe.» Die Schuld, dass er zu viel Bier trinkt, schiebt er seiner herausfordernden Arbeit in die Schuhe. Er ist ein Opfer der anstrengenden Arbeit. Vielleicht sollte er sich bei der Gewerkschaft melden.

Eine Frau mit stark verpickelter Haut vertraute sich mir an: «Ich habe so viele Sorgen, und dann fange ich immer an, Schokolade zu essen. Hätte ich keine Sorgen und Probleme, würde ich keine Schokolade essen.» Sie ist ein Opfer von Miss Sorge.

Eine weitere Frau fand auch eine Entschuldigung für ihr Laster: «Ich würde schon lange aufhören zu rauchen, aber immer wenn ich ins Geschäft gehe, was fünf mal die Woche ist, spinnt mein Chef so dermaßen, dass ich gar nicht anders kann: Ich gehe auf die Toilette, fange am ganzen Körper zu zittern an, und dann muss ich einfach rauchen! Nur so werde ich wieder ruhig.» Dass sie raucht, ist offensichtlich die Schuld des Chefs. Wir wussten es schon immer: Der Chef ist böse!

Auf einer Pastorenkonferenz traf ich einen alten Kumpel. In jüngeren Jahren machte er dem Spargeltarzan ernsthaft Konkurrenz. Jetzt hatte ich Mühe, ihn wiederzuerkennen. Unterdessen war er wie ein Blätterteig aufgegangen. Aufgegangen war auch sein Gesicht, der Mond. Ich erschrak bei seinem Anblick: «Was ist mit dir passiert?»

«Ich kann nichts dafür», entschuldigte er sich, «seit ich angefangen habe, im Dienst für den Herrn rumzureisen, esse ich sehr unregelmäßig und oft spät in der Nacht. Das macht halt dick. Verstehst du? Reisedienst gleich dick.»

Bewegung im Dienst des Herrn war für ihn kein Thema. Die Einzigen, die für mich eine Entschuldigung für ihr immenses Gewicht haben, sind die Blauwale. Wenn Schwimmen dünn macht, was, bitte schön, machen Blauwale falsch?

Eine weitere Frau bekannte mir: «Ich komme nicht aus den Schulden raus. Zuhause fühle ich mich sehr einsam. Deshalb gehe ich shoppen und tue mir etwas Gutes. Wäre ich nicht einsam, hätte ich keine Schulden.»

Wir geben Frauen, Männern und Situationen die Schuld für die Miseren in unserem Leben. Wenn du das verheißene Land mit deinen eigenen

Augen sehen willst, ist der erste Schritt der, dass du endlich, endlich aufhörst, dich als Opfer zu fühlen, und darauf verzichtest, anderen die Schuld für dein eigenes Leben zu geben.

Warum sagt Gott: «Sei mutig»?

Weil es Mut braucht, sein Leben in die eigene Hand zu nehmen und Verantwortung zu übernehmen. Wenn du nicht mehr anderen die Schuld in die Schuhe schieben kannst, machst *du* plötzlich die Fehler. Doch Fehler zu machen ist erlaubt. Denn: Nur wer wagt, gewinnt!

SCHAUE AUF GOTTES VERHEISSUNGEN!

JOSUA 1,8 *Sag dir die Gebote immer wieder auf! Denke Tag und Nacht über sie nach, damit du dein Leben ganz nach ihnen ausrichtest. Dann wird dir alles gelingen, was du dir vornimmst.*

Wenn du das Land anschaust, musst du auch anfangen zu glauben, dass du es einnehmen wirst! Du musst anfangen zu glauben, dass mit deinem Gott alles möglich ist. Dieser Glaube löst Entscheidendes aus:

Du machst den ersten Schritt in die richtige Richtung.

Glaube ohne diesen entscheidenden Schritt in die richtige Richtung ist und bleibt nur ein Gefühl.

Was bedeutet dieser Schritt ganz praktisch?

DIE TÜRKISCHE BADEHOSE

Ich stand im Sommer 2008 im Hotelzimmer in der Türkei auf der Waage. Das fiese Ding zeigte neunzig Kilogramm an. «Wahrscheinlich ist die

> *Dieser Glaube löst Entscheidendes aus: Du machst den ersten Schritt in die richtige Richtung.*

falsch geeicht», brummelte ich vor mich hin, doch meine Frau schüttelte diskret den Kopf. Neunzig Kilo! Ich näherte mich der magischen 100er-Grenze. Nach einer Runde im Pool, die mich arg ins Schnaufen brachte, beschloss ich: «Fertig! Meine XL-Badehosen werden Geschichte. Nächstes Jahr um diese Zeit bin ich federleicht wie ein Geräteturner, siebzig Kilogramm!»

Was war der erste Schritt, um abzunehmen? Ich suchte den Markt auf und kaufte mir eine neue Badehose, Größe S! Ich schlüpfte rein. Ich kam nur bis zu den Oberschenkeln. Mein Hintern ließ sich trotz krampfhaftem Zusammenpressen unter größter Anstrengung nicht reinzwängen. «Hähä», lachten die beiden freiheitsliebenden weißen Backen.

«Warum um alles in der Welt kaufst du dir eine Hose, die du nicht tragen kannst?», fragte meine Frau. «Erstens kann ich diese Hose sehr wohl tragen», antwortete ich und trug als Beweis die Hose in meiner Hand. «Und zweitens ist dieser Kauf der erste Schritt in die Richtung des verheißenen Landes, Frau!» Ich hatte eine Vision, wie ich in einem Jahr aussehen würde.

Das schnittige türkische Badehosenmodell verbrachte zwölf Monate auf der Reservebank in meinem Kleiderschrank. Im Sommer klaubte ich das Teil aus der hintersten Ecke des Schrankes hervor. Ich stieg rein. Und diesmal lachte ich: «Hehe, Jungs, das war's!» Mein Po verschwand in der türkischen Nacht der Hose, und ich jubilierte: «Yeah, come on!»

Der erste Schritt mag oft lächerlich sein, doch er zeigt die Richtung an, in die du gehen willst.

Es braucht immer den ersten Schritt in die richtige Richtung!

Folgende Begebenheiten unterstreichen das und machen Mut:

DER BASKISCHE KORB

Vor zehn Jahren stellten meine Traumfrau und ich gemeinsam fest: «Wir hätten fürs Leben gern ein Haus!»

Ich möchte dir etwas erklären. Um ein Haus zu haben, brauchst du Geld. Und genau das fehlte uns. Doch etwas noch Entscheidenderes als Geld war in unserem Besitz: Der Glaube, dass Gott uns ein Haus anvertrauen würde.

Was war der erste logische Schritt? Schon immer träumte ich von einem Basketballkorb vor dem Haus. Also kaufte ich einen Basketball. Der Ball war der erste Schritt in die richtige Richtung. Fünf Jahre lang lag mein neuer orange-farbener Freund neben meinem Bett. Er war sehr pflegeleicht, und er erinnerte mich freundlicherweise jeden Tag daran, dass ich längst den ersten Schritt in die richtige Richtung getan hatte, und mit jedem Tag stieg die Vorfreude auf die Freundin von Mr. Orange, eine gewisse Miss Korb. Mr. Orange hoffte nur, sie würde ihrem Namen nicht alle Ehre machen und ihn in die Wüste schicken.

Gott schenkte uns unser Traumhaus. Und Mr. Orange und Miss Korb haben geheiratet.

OPEL-CABRIOLET

Vor ein paar Jahren verschenkten wir aufgrund eines inneren Eindrucks unser Auto. Trotzdem waren wir weiterhin auf ein Fahrzeug angewiesen. Wir sagten: «Gott, du bist der Gott der Autos. In der ganzen Schweiz stehen Autos rum. Niemand fährt sie. Du kannst das ändern!» Ich habe gebetet und Gott bestürmt. Ich hatte den Glauben für das Auto, doch ich vergaß, den entscheidenden Schritt in die richtige Richtung des Autos zu machen.

Als ich das realisiert hatte, schwang ich mich auf den Sattel meines Fahrrads und stattete dem Opelhändler einen Besuch ab. Ich schnappte mir den Prospekt des Objektes meiner Begierde – mit genau dem Opel-Cabriolet drin, das ich wollte. Sogar die Farbe stimmte.

Als ich nach Hause radelte, quatschte ich mit meinem himmlischen Freund: «Gott, du siehst, ich habe den ersten Schritt unternommen, nun liegt es an dir.»

Am gleichen Wochenende reiste ich nach Skandinavien. Ich hielt eine Predigt über Glauben, und anstatt mit der Bibel auf der Bühne rumzutigern, lief ich mit dem Opelprospekt rum. Ich predigte: «Freunde, das bedeutet Glaube: Einen Prospekt in der Hand zu halten und zu wissen, eines Tages wird Gott mein Gebet erhören. Dieser Prospekt ist mein erster Schritt in die richtige Richtung.»

Dreimal kannst du raten, weshalb meine Haare immer zu Berge stehen. Ich fahre ein Opel-Cabriolet.

DER WANDERPREDIGER

Ein Mann, der in seinem Leben noch nie geflogen war, hatte den Eindruck, dass er eines Tages als Prediger rumreisen würde. Bis zu diesem Zeitpunkt hatte er noch keine einzige Predigtanfrage erhalten.

Er wartete und wartete und vergaß, den ersten Schritt in die richtige

Richtung zu unternehmen. Nach einer Weile dachte er: «Okay, ich mach den ersten Schritt. Ich kaufe mir jetzt einen Koffer!» Gesagt, getan. Er erstand einen schnittigen Reisebegleiter und legte ihn zu Hause neben seine Bibel: «Gott, wir sind ready: ich, dein Wort und mein Koffer!»

Fünf Monate später flatterte die erste Einladung rein. Er packte seinen jungfräulichen Koffer zum ersten Mal, er flog zum ersten Mal, und er predigte so stark in der Kraft Gottes, dass er anschließend eine Anfrage nach der anderen erhielt. Heute sammelt er Flugmeilen, trinkt Tomatensaft und predigt rund um den Globus!

Der Koffer war der erste Schritt in die richtige Richtung.

DER JOGGER MIT HERZ
Ein Herr, 65 Jahre jung, stand vor einer schweren Herzoperation. «Wenn Sie die Operation überleben werden, ist das ein Wunder. Falls das Wunder eintrifft, werden Sie auf jeden Fall nie mehr Sport treiben», ermutigte ihn sein äußerst sensibler Arzt.

Der Mann packte seine Utensilien zu Hause, und das Erste, was er im Krankenzimmer machte: Er stellte demonstrativ seine Joggingschuhe und seinen Trainingsanzug auf das Nachtschränkchen.

Jeden Tag bezeugte er den Ärzten und Schwestern: «Wenn ich aus der Klinik rauskomme, ihr lieben Menschen in Weiß, werde ich Forrest Gump Konkurrenz machen!»

Der Tag der schwierigen Operation kam. Er überlebte. Der Arzt sagte zum Abschied: «Denken Sie daran, Sie dürfen nie mehr joggen.»

Der Mann hat gerade seinen ersten Marathon hinter sich.

Entscheidend dafür war, dass er seine Schuhe aufgestellt hatte. Er glaubte und handelte danach.

Der Glaube ist die eine Seite der Goldmedaille. Der erste Schritt in die richtige Richtung die andere. Der erste Schritt ist der Anfang deines Wunders!

Ich habe zwanzig Kilo abgenommen und dabei eines nicht begriffen: Wenn du zwanzig Kilo abnimmst, bist du auf einen Schlag alle deine Kleider los – oder du trittst der Hip-Hop-Community bei.

Ich nahm also alle Kleider, füllte sie in Säcke und spendete sie an

TEXAID. Als ich dabei beobachtet wurde, stellte man mir die Frage: «Aber Leo, warum bewahrst du sie nicht für später auf?»

«Weiche von mir …», murmelte ich leise vor mich hin.

Ich lasse keine Hintertür für später auf. Ich werde nie mehr in die XL-Badehose steigen. Ich habe alles eingepackt. Jedes Shirt. Jede Hose. Jede Socke. Von oben bis unten. Alles. Jedem einzelnen Stück habe ich zum Schluss meine Nettigkeit erwiesen: «Ich sehe dich nie mehr! Ab jetzt trage ich nur noch S wie Superman!»

Also: Schau in die richtige Richtung, und fülle deinen Glauben mit dieser Vision.

ERKENNE, DASS GOTT IMMER BEI DIR IST!

JOSUA 1,9 *Ja, ich sage es noch einmal: Sei mutig und entschlossen! Lass dich nicht einschüchtern, und hab keine Angst! Denn ich, der Herr, dein Gott, bin bei dir, wohin du auch gehst.*

Wenn du den Schritt in die richtige Richtung machst, steht Jericho mit seinen unüberwindbaren Mauern vor dir. Der Feind schaut von den Mauern runter und höhnt: «Ah, bist du nicht Josua von der Opfertruppe?»

Der Teufel wird dich immer an deine Vergangenheit erinnern.

Wenn er dich an deine Vergangenheit erinnert – dann erinnere du ihn an seine Zukunft!

> *Wenn der Teufel dich an deine Vergangenheit erinnert – dann erinnere du ihn an seine Zukunft!*

«Denke nicht so viel darüber nach, wer für oder gegen dich ist, verwende lieber all deine Sorge darauf, dass Gott bei allem mit dir ist.»

Thomas von Kempen

Bei unüberwindbaren Momenten, die dich daran hindern, Land einzunehmen, kommt Gottes übernatürliche Kraft direkt vom Himmel.

Wenn du nicht mehr kannst, kann Gott. Er ist in den Schwachen mächtig. Und das ist keine fromme Floskel, sondern biblische Tatsache. Josua erlebte ein Leben lang die Nähe und Hilfe Gottes. Das ganze Buch Josua ist gespickt mit den kraftvollen Taten des größten Action-Helden aller Zeiten – Gott selber. Lass dich ermutigen, check das Leben von Josua in der Bibel aus. Spitze deine Ohren dabei, denn Gott flüstert (in etwa): «Du, Josua und ich sind aus demselben Holz. We are the Champions! Ein Gewinnerteam!»

GEHE KEINE KOMPROMISSE EIN!

Die Israeliten vermasselten es leider nach dem erfolgreichen Einzug. Sie fingen an, Kompromisse zu machen. Sie nahmen zwei Drittel von Kanaan ein, und den Rest überließen sie dem Feind. «Du, ich mag einfach nicht mehr. Zwei Drittel sind doch viel mehr als nichts. Es reicht.» Sie hatten nicht den Mumm in den Knochen, es durchzuziehen und die Geschichte zu Ende zu bringen.

Eine Sache zu beginnen ist meistens nicht das Problem, aber sie zu beenden, das ist die große Herausforderung. Heiraten ist ein Kinderspiel. An der Ehe bis zum Schluss festzuhalten, ist jedoch das größte und zugleich herausforderndste Abenteuer auf Erden.

Die Israeliten sagten zu ihren Feinden: «Ihr könnt in unserem Land wohnen. Wollt ihr unsere Wasserträger sein? Wenn ihr keinen Mist baut, könnt ihr bleiben! Wir werden schon klarkommen miteinander.»

Und genau diese katastrophale kurzsichtige Einstellung wurde den Israeliten zum Verhängnis. Die Feinde schafften es immer wieder, dass das Volk in Zukunft strauchelte. Die Kanaaniter verführten die Israeliten zum Götzendienst und sorgten dafür, dass sie immer wieder ihre Herzen von ihrem treuen Gott abwandten.

Satan braucht einen Brückenkopf und sucht etwas, über das er in deinem Leben immer noch bestimmen kann und wo er noch Herr der Lage ist.

Das letzte Drittel, das es in deinem Leben zu erobern gilt, ist meist der mühsamste und am schwierigsten zu erobernde Teil in unserem Leben. Und gleichzeitig der gefährlichste, wenn wir ihn nicht erkämpfen. Er hat das Potenzial, unser Leben zu zerstören, wenn wir ihn dem Feind überlassen.

Vor vielen Jahren stieß mich Susanna an: «Schatz, wie wäre es mit einem erfrischenden Ehe-Seelsorge-Wochenende?» Ich gab schockiert zur Antwort: «Was? Wir haben doch gar keine Probleme! Haben wir Probleme? Nein, definitiv nicht. Ich komme immer nach Hause. Ich rede. Ich öffne mich. Ich habe sonst noch ein paar krasse Sachen drauf.»

Ich reagierte wie 95 Prozent aller Männer. Seelsorge klingt in unseren Ohren so negativ. Wenn du in die Seelsorge gehen musst, dann musst du aber wirklich Probleme haben!

«Nein, Susanna, wir fahren nicht zu diesem Weekend. Bei uns ist alles gut!»

«Ja, Leo, das stimmt schon. Zwei Drittel unserer Ehe funktionieren wirklich ausgezeichnet, doch in einem Drittel unseres gemeinsamen Lebens haben wir durchaus noch Steigerungspotenzial.»

Ich brauchte noch eine Weile, um mich an dieses schlimme Wort «Seelsorge» zu gewöhnen, doch schlussendlich fand ich die Argumente meiner Frau überzeugend und überwand meine Seelsorgephobie.

Wenn du das letzte Drittel nicht einnimmst, wird der Widersacher dir über kurz oder lang das Bein stellen, und zwar ganz grausam!

Früher gab es bei uns in der Gemeinde die berühmt-berüchtigte Sündenliste, die auch ich auf einem Gemeinde-Weekend ausfüllte. Es galt, mit einem roten Stift alles anzustreichen, was ich verbrochen hatte, und mir bewusst zu werden, für was Jesus in meinem Leben alles geradestehen musste. Meine Liste war am Schluss blutrot. Da war wirklich viel zusammengekommen. Ich entdeckte durch das Blatt viele Sünden, derer ich mir gar nicht bewusst war. Bei einer Sünde dachte ich aber: «Hey, das ist easy, da kannst du nichts dafür. Das ist höchstens ein Sündchen, allerhöchstens.» Ich hatte immer wieder einen ähnlichen Traum. Eine fremde Frau packte mich und zwang mich ins Bett und wollte mit mir Sex haben. «Wir alle träumen», dachte ich. Der Traum störte mich nicht. Ich ging ja dafür nicht ins Sexkino. Und was konnte ich schon dafür? Ich war nicht Herr über meine Träume.

Mein Weekend-Begleiter fragte mich: «Träumst du von Frauen?»

«Ja, ich träume schon.» Ich erzählte ihm von meinen nächtlichen Erlebnissen.

«Wehrst du dich, wenn sie dich packt?», wollte dieser neugierige Wadenbeißer wissen.

«Nein», erwiderte ich. Mir blieb an diesem Weekend fast nichts anderes übrig, als ehrlich zu sein.

«Willst du davon loskommen?»

Der Junge trieb es meiner Meinung nach zu bunt. Nur widerwillig gab ich ihm zur Antwort: «Ja und nein. Es ist ja nur ein kleiner Traum!» Doch Gott zeigte mir an diesem Weekend auf, dass ein kleiner Traum doch nicht so klein ist und in diesem Fall ganz offensichtlich etwas war, was ich in meiner Seele verarbeitete.

Nachdem ich mich an diesem Weekend ganz bewusst von all meinen Ex-Freundinnen und Frauengeschichten losgesagt hatte, spürte ich tiefe sexuelle Reinheit. Seit diesem Weekend bis heute hatte ich nie mehr einen dieser Träume. Ich danke dir von ganzem Herzen, Gott!

Genau das meinte meine Frau mit dem letzten Drittel unserer Ehe. Der Teufel hatte eine Brücke. Er wollte mich an meinem kleinen Finger reinziehen.

Wie greift der Teufel an?

Seine Angriffe kommen immer in Wellen. Dies war schon in Jesu Leben der Fall.

LUKAS 4,13 *Nachdem der Teufel alle Versuchung vollendet hatte, wich er von [Jesus] eine Zeitlang (SLT).*

Der Feind greift dich in deinem Drittel immer wieder von neuem an. Deshalb werde nicht nachlässig und überheblich. Sage nie: «Jetzt habe ich es im Griff.» Rühme dich viel lieber der Kraft Gottes, und danke ihm, dass er dir immer wieder die Kraft zum Widerstehen gegeben hat und geben wird!

Deine Opfermentalität ist vorbei.

Du übernimmst ab heute selbst Verantwortung für dein Leben.

Du wirst den allerersten Schritt machen.

Gott ist bei dir. Bei jedem Schritt. Er gibt dir die Kraft. Er wird deinen Schritt segnen und seine Schritte hinzufügen!

Du wirst das letzte Drittel für Jesus auch noch einnehmen.

KAPITEL 9 – *Gib nie auf*

Ich schließe das Kapitel mit Winston Churchill, dem zweimaligen britischen Premierminister (1874–1965). Er hielt eine meiner absoluten Lieblingsreden am 29. Oktober 1941 vor einer Schulklasse. Ich habe die ganze Rede auswendig gelernt, weil sie mich unglaublich anspricht und eine unbändige Kraft hat. Ich kann tatsächlich die ganze Rede!

An diesem Tag stand Churchill auf, stellte sich vor die Klasse und fing folgendermaßen an:

Never –

never –

never –

give –

up!

Er machte eine Pause. Er schaute die Kinder an. Er lächelte. Er drehte sich um. Er setzte sich hin. Das war's. Die kürzeste Predigt, die ich jemals gehört habe. Und eine der absolut besten. Und genau das will Gott dir auch sagen:

> *Never – never – never – give up!*

KAPITEL 10

Träume wieder

«Mein Herr und mein Gott, nimm alles von mir, was mich hindert zu dir.
Mein Herr und mein Gott, gib alles mir, was mich fördert zu dir.
Mein Herr und mein Gott, nimm mich mir und gib mich ganz zu eigen dir!»
Nikolaus von Flüe

Martin Luther King: Ein Mann mit einem konkreten Traum, wie Menschen zusammenleben können. Kein idealistischer Träumer. Ein schwarzer Pfarrer aus Atlanta, der Menschen auf allen Erdteilen faszinierte. Ein Mann mit beeindruckender Lebenszuversicht trotz vieler Rückschläge. Ein Mensch mit göttlichen Hoffnungen.

In seinem Kampf gegen die Rassentrennung war King vielen Drohungen und Anfeindungen ausgesetzt. Am 4. April 1968 wurde er von einem Gewalttäter in Memphis erschossen. Es schien, als ob er eine Ahnung gehabt hätte von seinem Schicksal. Seine berühmte Rede am Abend vor der Ermordung beendete er mit diesen bedeutenden Worten:

«Ich verließ Atlanta heute Früh, wir waren eine Gruppe von sechs, da sagte der Pilot über den Lautsprecher: ‹Entschuldigen Sie bitte die Verspätung, aber wir haben Dr. Martin Luther King an Bord. Um sicherzugehen, dass alles Gepäck kontrolliert und alles an Bord in Ordnung ist, mussten wir alles sorgfältig prüfen. Das Flugzeug wurde die ganze Nacht bewacht.› Und dann landete ich in Memphis. Und einige sprachen von den Drohungen, die im Umlauf waren, und von dem, was mir von einigen unserer kranken weißen Brüder widerfahren könnte.
Nun, ich weiß nicht, was jetzt geschehen wird. Schwierige Tage liegen vor uns. Aber das macht mir jetzt wirklich nichts aus. Denn ich bin auf dem Gipfel des Berges gewesen. Ich mache mir keine Sorgen. Wie jeder andere würde ich gern lange leben. Langlebigkeit hat ihren Wert. Aber darum bin ich jetzt nicht besorgt. Ich möchte nur Gottes Willen tun. Er hat mir erlaubt, auf den Berg zu steigen. Und ich habe hinübergesehen. Ich habe das Gelobte Land gesehen. Vielleicht gelange ich nicht dorthin mit euch. Aber ihr sollt heute Abend wissen, dass wir, als ein Volk, in das Gelobte Land gelangen werden. Und deshalb bin ich glücklich heute Abend. Ich mache mir keine Sorgen wegen irgendetwas. Ich fürchte niemanden. Meine Augen haben die Herrlichkeit des kommenden Herrn gesehen.»[2]

Der Bürgerrechtskämpfer beendete seine letzte große Vision, indem er das Bild von Mose heraufbeschwor, wie er das Volk Israel aus Ägypten herausführt und auf dem Gipfel des Berges das Ziel erblickt, das verheißene Land.

Martin Luther King wurde ermordet – Mose starb eines natürlichen Todes.

Kings Leben endete mit 39 Jahren – Mose erreichte das biblische Alter von 120 Jahren.

Beide Persönlichkeiten waren und sind große Vorbilder.

Beide haben das Ziel gesehen.

Beide haben es nicht erreicht.

Beide lebten von ganzem Herzen und mit aller Kraft und ohne Rücksicht auf Verluste für ihren Traum.

In dieser letzten Einheit geht es um den Nachruf von Mose, dem Freund Gottes. Es geht darum, was er seinem Volk und uns zum Schluss noch sagen wollte.

Moses letzte Worte für das Volk waren klar und einfach. Er forderte sie in einem herzzerreißenden Appell auf, wenn sie im verheißenen Land waren, Gott von ganzem Herzen zu lieben, weil er sie zuerst geliebt hatte. «Liebt Gott, der euch liebt. Bleibt so nahe wie möglich bei ihm.»

GANZ NAHE BEI GOTT

5. MOSE 33,26 _Kein Gott gleicht dem Gott, der Israel liebt. Majestätisch fährt er am Himmel dahin und kommt mit den Wolken euch zu Hilfe._

Mose wusste, dass die Zukunft des Volkes davon abhing, ob es nahe am Herzen Gottes blieb.

Diese Nähe zu Gott ist alles entscheidend – für Mose, für das Volk, für dich und für mich.

---

[2] Quelle: Martin Luther King, *Ich habe einen Traum*, Benziger: Zürich 1999, Seite 120.

KAPITEL 10 – *Träume wieder*

Am Sonntag predigte der Pfarrer über die Taufe. Er führte aus, dass die Taufe durch Besprenkelung und nicht durch Untertauchen vollzogen werden sollte.

Er erläuterte dies damit, dass Johannes der Täufer Jesus im Jordan auch nicht untergetaucht hätte. Wenn da stehe, dass Jesus im Jordan getauft worden sei, meine es in der Ursprache vielmehr, dass Jesus «dicht dran» am Jordan oder «rund herum» um den Jordan oder «in der Nähe» des Jordans getauft worden sei.

Und auch bei der Geschichte, wo Philippus den Kämmerer aus Äthiopien im Fluss taufte, sei dies nicht wortwörtlich zu nehmen. Vielmehr habe die Taufe auch hier dicht dran, rund herum und in der Nähe des Flusses stattgefunden...

Nach dem Gottesdienst kam ein junger Mann zum Pfarrer und bedankte sich beim ihm: «Vielen Dank! Das war eine der besten Predigten ever! Und es hat sehr viele Fragen geklärt, die ich in Bezug auf biblische Geschichten hatte. Zum Beispiel die Story mit Jona, der vom Walfisch verschluckt wurde, hat mich immer gestört. Jetzt weiß ich, dass Jona gar nicht wirklich im Wal war, sondern nur in der Nähe von ihm, rund herum, halt dicht dran, schwimmend im Wasser.

Dann ist da die Geschichte der drei Jungs, die in den Feuerofen geschmissen wurden und dabei nicht verbrannten. Nun begreife ich, dass die gar nicht wirklich im Feuer schmorten. Sie waren einfach dicht dran, rund herum, in der Nähe – sie hatten es einfach warm und gemütlich.

Die schwierigste Geschichte, lieber Herr Pfarrer, war für mich immer die Geschichte von Daniel in der Löwengrube. Aber jetzt sehe ich, dass der gar nicht wirklich in der Grube war, sondern einfach dicht dran, rund herum und in der Nähe – wie im Zoo halt.

Die Erklärung dieser Geheimnisse ist wirklich komfortabel, Herr Pfarrer. Jetzt weiß ich endlich, dass ich nicht in der Hölle landen werde, einfach nur dicht dran, rund herum oder in der Nähe davon. Und nächsten Sonntag muss ich auch nicht in der Kirche sein, nur dicht dran, rund herum oder irgendwo in der Nähe. Vielen Dank, mein Leben ist gleich viel einfacher und bequemer!»

KAPITEL 10 — *Träume wieder*

Auch wenn ich die Nähe hier in lustigem Zusammenhang erwähnt habe, ist diese Nähe genau das, was Mose den Hebräern ans Herz legt.

Mose will das Volk und uns ermutigen, so nah wie nur möglich an Gott dran zu sein. Ich möchte Gott so nahe wie irgend nur möglich sein – und nicht nur ein bisschen, sondern mit Haut und Haar, mit Herz und Hirn, mit meinem ganzen Sein! Ich möchte ihm mit ungeteiltem Herzen nachfolgen.

Wir Menschen zu allen Zeiten sollen mit aller Kraft bemüht sein, dicht dran, rund herum und ganz in der Nähe von Gott zu sein, immer! Das ist es, was Mose sich mehr als alles andere wünscht!

Wir können dies heute ganz praktisch umsetzen, indem wir die Bibel verschlingen, im Gebet ringen, Gott suchen und ihn bestürmen. Es könnte dir dann passieren, dass du wie Jakob nach seiner Ringeinlage mit Gott davonhumpelst.

Die jüdische Tradition hat ein wunderschönes Sprichwort zu diesem Thema hervorgebracht:

«Mögest du bedeckt sein vom Staub deines Rabbis.»

Mischna

Unser Rabbi, unser Lehrer, ist Jesus. Das heißt, wir sollen ihm so aggressiv auf die Pelle rücken, dass wir dauernd von seinem aufgewirbelten Sand bedeckt sind.

So nah, dass wir jede kleinste Handlung und jedes Wort hautnah mitbekommen.

So nah, dass wir von ihm lernen können zu leben und zu lieben.

So nah, dass wir seiner Liebe bedingungslos ausgesetzt sind.

Dran bleiben auf Schritt und Tritt wie der Verteidiger am Stürmer, das ist das Motto. Wadenbeißerqualitäten sind hier gefragt.

An dem Tag, an dem ich zum Glauben an Jesus gefunden hatte, sagte der Mann, der mit mir gebetet hatte, zu mir: «Leo, bevor du nach Hause fährst, möchte ich dir noch etwas für dein Leben sagen: ‹Höre nie auf, ganz nah bei Jesus zu sein und ihn zu lieben, bis ans Ende deines Lebens.›»

VERTRAUE GOTT

5. MOSE 33,27 *Er, der ewige Gott, breitet seine Arme aus, um euch zu tragen und zu schützen.*

Mose wusste, worauf es außer der Nähe zu Gott ankam: auf ein unerschütterliches Vertrauen in Gott. Deshalb malte er den Hebräern zum Schluss nochmals das Bild des starken und ewigen Gottes vor Augen. Dieser Gott war vertrauenswürdiger als irgend jemand sonst. Dieser Gott hatte alle Macht im Himmel und auf der Erde. Dieser Gott konnte seine Hände jederzeit schützend über seine geliebten Menschen halten.

Ein Pfarrer händigte einem Mann ein paar Minuten vor dem Gottesdienst einen 20-Euro-Schein aus und bat ihn, den Schein heimlich in der Bibel seiner Frau zu verstecken. «Schau, dass sie nichts davon mitkriegt», beschwor der Pfarrer den Mann.

Später im Gottesdienst ließ der Pfarrer die Frau aufstehen. «Vertrauen Sie mir?», fragte er.

«Ja, sicher», gab sie zur Antwort.

«Werden Sie tun, um was ich Sie bitte?»

«Ja, das werde ich», antwortete sie bestimmt.

«Sehr gut, dann öffnen Sie bitte Ihre Bibel, und überreichen Sie mir den 20-Euro-Schein, der sich darin befindet.»

Die Frau entschuldigte sich: «Oh, es tut mir leid. Ich habe keinen 20-Euro-Schein.»

«Ich dachte, Sie sagten, Sie vertrauen mir?», fragte der Pastor mit gespielter Unschuld.

«Ja, das tue ich», antwortete die Frau erneut.

«Dann geben Sie mir bitte den 20-Euro-Schein.»

Die Frau öffnete mit wenig Hoffnung ihre Bibel, und zu ihrer Überraschung fand sie einen 20-Euro-Schein zwischen den Seiten. Ihre Augen weiteten sich, als sie den Pfarrer ansah und fragte: «Aber wie gelangte er dorthin?»

«Ich gab ihn Ihnen», sagte der Pfarrer mit einem Lächeln, «und nun bitte ich Sie ganz einfach darum, das Geschenk zu packen und das Geld für etwas Gutes zu gebrauchen.»

Gott forderte nie etwas von Mose, das er nicht zuvor in ihn gesteckt hatte.

Genauso wird Gott dich nie um etwas bitten, was er nicht zuerst in dich hineingelegt hat. Wenn du ihm vertraust und einen Glaubensschritt wagst, wirst du Gaben und Talente in und an dir entdecken, von denen du keine Ahnung hattest, dass sie in dir vor sich hindösen und sich langweilen. Er wird dich nicht zu etwas herausfordern, das zu erfüllen dir nicht möglich ist. Schließlich kannst du jederzeit auf seinen kräftigen Arm zählen. Dieser Arm gewinnt jedes Armdrücken.

BEWEGE DIE WELT FÜR GOTT

5. MOSE 33,27 _Er hat eure Feinde besiegt und euch befohlen, sie zu vernichten._

Obwohl Gott große Wunder getan hatte und die Hebräer unter Josua endlich im Land Kanaan angekommen waren, gab es die Gefahr, dass sich die Israeliten zurücklehnten und dachten: «Gott hat alles im Griff. Er wird es richten und seinen mächtigen Arm schwingen. Wir zünden uns eine Wasserpfeife an und genießen das Leben. Chill the grill!»

Im Land Kanaan wie auch heute gibt es drei verschiedene Spezies von Christen:

EASY-Christen: Bekehrung: Top. Nachfolge: Flop!
ECHO-Christen: Sprechen einfach etwas nach!
EFFEKTIVE Christen: Ihr Leben ist die Botschaft!

Mose warnte speziell davor, zu der Spezies der Easy-Christen zu gehören und den Schlendrian rauszuhängen. Deshalb hier die Merkmale der Easy-Spezies:

1. Lebe, um dich zu erholen!
2. Liebe dein Bett, es ist dein Tempel!
3. Wenn dich jemand besuchen kommt, um sich auszuruhen, steh (lieg) ihm zur Seite!
4. Erhole dich am Tag, damit du in der Nacht schlafen kannst!

5. Die Arbeit ist heilig, also greif sie nicht an!
6. Mach nie morgen etwas, das du übermorgen machen kannst!
7. Arbeite so wenig wie möglich. Was zu tun ist, lass die anderen machen!
8. Beruhige dich; noch niemand ist vom Nichtstun gestorben, aber bei der Arbeit könntest du dir wehtun!
9. Solltest du ein Verlangen nach Arbeit verspüren, setz dich hin und warte, bis der Anfall vorübergeht!
10. Vergiss nicht: Arbeit ist gesund! Also überlass sie den Kranken!

Ein junger Mann entwickelte sich zu einem talentierten Künstler. Von all seinen bisherigen Gemälden war er auf sein jüngstes Meisterwerk am stolzesten – er hatte gerade ein Bild vom letzten Abendmahl fertig gestellt. Mit freudiger Erwartung brannte er darauf, dieses Bild seinem Freund zu zeigen und dessen Meinung zu hören. Sein Freund war der Schriftsteller Leo Tolstoi.

Endlich kam der Tag, an dem der junge Maler dem berühmten Schriftsteller sein Werk präsentieren konnte. Er enthüllte seine Darstellung des letzten Abendmahls. Mit angehaltenem Atem suchte er nach einer Reaktion im Gesicht seines Freundes: «Was denkst du?»

Tolstoi betrachtete das Bild schweigend. Er musterte jedes Detail, während der Künstler ungeduldig danebenstand. Das Schweigen wurde schließlich gebrochen, als Tolstoi langsam auf die zentrale Figur deutete. «Du liebst ihn nicht richtig», sagte er ruhig.

Der junge Mann war verwirrt. «Warum?», sagte er. «Das ist doch Jesus Christus!»

«Ich weiß», antwortete Tolstoi, «aber wenn du ihn mehr lieben würdest, hättest du ihn besser gemalt.»

Wie ein Bild mehr als tausend Worte spricht, so gilt auch, dass Taten lauter sprechen als viele Worte. Das haben effektive Christen begriffen. Viele von uns sind keine begnadeten Künstler, aber wir sind begabte Diener. Wir können in unserer Fähigkeit wachsen, Gott zu ehren und uns gegenseitig aufzubauen. Könnte es sein, dass irgendjemand auf die zentrale Person in unserem Leben schaut, Jesus Christus, und dann sagt: «Wenn du ihn mehr lieben würdest, würdest du ihm dankbarer dienen»?

Was sagen deine Taten über deine Liebe zu Gott? Er möchte unser Bestes. Er möchte unser Herz, unsere Talente, unser ganzes Leben.

GLÜCKLICH MIT GOTT

5. MOSE 33,28–29 *Ihr Israeliten lebt in Ruhe und Sicherheit, niemand stört euren Frieden, ihr Nachkommen Jakobs. Regen fällt vom Himmel auf euer Land, und überall wachsen Getreide und Wein. Glücklich seid ihr Israeliten!*

Wenn du das Gefühl nicht loswirst, dass du nicht gerade einen Stammplatz auf der Sonnenseite des Lebens gebucht hast, schenke ich dir diese kleine Geschichte:

Ein reicher Farmer beschäftigte einen Angestellten, der Christ war. Der Farmer aber schob alles, was mit Gott und dem Glauben zusammenhing, überlegen beiseite.

Der Angestellte trug sein Herz auf der Zunge und sprach mit seinem Boss auch über persönliche Glaubenszweifel und Schwierigkeiten. Der Farmer gab nur schroff zur Antwort: «Solche Dinge kenne ich nicht. Das hängt alles mit deinem Aberglauben zusammen.»

Eines Tages waren die beiden unterwegs zur Entenjagd. Der Farmer schoss mit seiner Schrotflinte in einen Schwarm Enten. Die Getroffenen fielen auf die Wasseroberfläche des Sees; einige der Angeschossenen versuchten, sich ins schützende Uferschilf zu retten. Der Angestellte sammelte die toten Tiere auf, doch da brüllte ihm sein Chef zu: «Dumpfbacke, versuch die angeschossenen Enten einzufangen, die toten haben wir doch sowieso!»

Auf dem Rückweg schmunzelte der Angestellte vor sich hin. Der Farmer sah es und fragte, was es denn zu grinsen gäbe. Da antwortete dieser ihm: «Nun weiß ich, warum du keine Glaubenszweifel und Schwierigkeiten kennst. Die Toten hat der Teufel sowieso, aber hinter den Angeschossenen ist er her.»

Wenn dich die Schwierigkeiten immer wieder besuchen, dann zeigt das nur, dass du Gott dicht auf den Fersen bist und du Land in deinem Leben einnimmst! Vergiss nicht, die kleinen Erfolge zu feiern. Schließlich haben wir die Sinne, um Gottes Schöpfung zu genießen.

DANKBARKEIT GEGENÜBER GOTT

5. MOSE 4,9 *Hütet euch davor, etwas von dem, was ihr gesehen habt, zu vergessen! Erinnert euch euer Leben lang daran, und erzählt es euren Kindern und Enkeln weiter!*

Mose wusste darum, wie schnell der Mensch die Wunder Gottes und die atemberaubenden Erlebnisse vergisst. Er kannte die Hebräer zu gut. Vierzig Jahre war er mit ihnen unterwegs gewesen, und sie hatten in dieser Zeit bestimmt vierzig Mal ihren Gott vergessen.

Ich kenne einen neunzig Jahre jungen Mann. Er ist ein Strahle- und Lebemann und glücklich wie die Maus im Haferstroh. Ich fragte ihn nach dem Geheimnis seines Glücks. Mit Schalk in seinen Augen sagte er: «Ich nehme jeden Tag zwei Pillen. Eine am Morgen und eine am Abend. Am Morgen danke ich Gott für alles, was ich erleben darf. Am Abend danke ich Gott für alles, was ich erleben durfte.»

Aus dieser Begegnung goss ich mir einen Schlüssel fürs Leben. Mein Schlüssel der Freude ist die Dankbarkeit gegenüber Gott. Ich will mich jeden Tag daran erinnern, dass alles, was ich bin und habe, ein großes Geschenk von Gott ist.

EIN SEGEN FÜR ANDERE

JOSUA 24,15 *Ich aber und mein Haus wollen dem Herrn dienen (LUT).*

Josua und Mose hatten dasselbe Motto. Sie stellten sich und ihre Familie vor Gott hin und sagten: «Hier sind wir, Majestät, stets zu Diensten!» Sie hatten sich entschieden, ein Leben ohne falsche Bequemlichkeit und unnötigen Luxus zu leben. Sie liebten das Abenteuer mit der ganzen Familie für und mit Gott. Das Abenteuer der Diener Gottes!

Folgende Begebenheit hat mein Dienen Gott gegenüber so stark geprägt wie kaum eine andere Geschichte. Sie hat mich förmlich wachgerüttelt und mir eine völlig neue Sicht geschenkt.

Viktoria, die Königin von England, wanderte während ihres Aufenthalts in ihrer Sommerresidenz Balmoral gern in einfachen Kleidern durch den Wald und freute sich, wenn sie unerkannt blieb.

Einmal geriet sie während eines solchen Spaziergangs in ein heftiges Unwetter. Als sie eine alte Hütte sah, rannte sie auf sie zu, um sich unterzustellen. In dieser Hütte lebte eine alte Bäuerin allein. Sie verließ das Haus nur, um nach ihrer Ziege zu sehen und den kleinen Garten zu bestellen. Die Königin grüßte sie und fragte, ob sie ihr einen Regenschirm leihen könne, sie werde auch dafür sorgen, dass er schnell zurückgebracht würde.

Die alte Frau hatte die Königin noch nie gesehen. Sie hatte ja keine Ahnung, wer da bei ihr Unterschlupf gesucht hatte.

«Nun», antwortete sie ziemlich mürrisch, «ich habe zwei Schirme. Der eine ist sehr gut, fast neu. Ich habe ihn kaum gebraucht. Der andere ist alt. Er ist nichts mehr wert. Den können Sie nehmen. Den neuen verleihe ich keinem – wer weiß denn, ob ich ihn jemals zurückbekomme.»

Mit diesen Worten gab sie der Königin den abgetragenen alten Schirm, dessen Stangen nach allen Seiten heraustachen. Die Königin dachte, bei diesem Wetter sei ein schlechter Schirm immer noch besser als gar keiner, und nahm ihn höflich an. Sie dankte der Frau und ging mit einem Lächeln hinaus.

Doch wie groß war der Schrecken der armen alten Frau, als am nächsten Morgen ein Diener in der königlichen Livree, der Dieneruniform, eintrat und ihr im Namen der Königin Viktoria den alten Schirm zurückbrachte! Sie lasse danken und versichern, dass er ihrer Majestät gute Dienste geleistet habe, sagte der Überbringer.

Wie traurig war die Frau nun, dass sie der Königin nicht das Allerbeste, das sie besaß, angeboten hatte. Wieder und wieder klagte sie: «Wenn ich es nur gewusst hätte! Oh, wenn ich es nur gewusst hätte!»

«Hätte ich gewusst, dass es die Königin war, dann ...» Was für ein dramatisches Ende der Geschichte! Und was für eine Herausforderung für dich und mich!

Dein Chef, dein Mann, deine Frau, deine Mutter, dein Nachbar mögen nicht wie Jesus aussehen, doch du weißt nie, ob Jesus dich durch einen Menschen um etwas bittet. Wir sind aufgefordert, die Gefangenen zu besuchen, denen Wasser zu geben, die Durst haben, und die zu trösten, die traurig sind. In diesen Begegnungen dienen wir Jesus höchstpersönlich. So hat er es uns selbst versichert.

Deshalb bete ich heute noch das Gebet, das ich so gerne als Kind mit meiner Mutter in der katholischen Kirche gebetet habe:

«Mein Herr und mein Gott, nimm alles von mir,
was mich hindert zu dir.
Mein Herr und mein Gott, gib alles mir,
was mich fördert zu dir.
Mein Herr und mein Gott, nimm mich mir
und gib mich ganz zu eigen dir!»

Nikolaus von Flüe

Gott sucht Diener.

DEN LAUF VOLLENDEN

Ich schreibe dir die fünf entscheidenden Merkmale auf, die Mose und Josua auszeichneten – und mit ihnen alle die Menschen, die den Marathon mit und für Gott zu Ende gelaufen sind. Diese Merkmale sollen für dich und mich immer wieder ein Check-up sein, um zu sehen, ob wir noch im Rennen um die himmlische Schüssel sind.

1. Sie hatten einen Weitblick, der es ihnen möglich machte, sich auf ein Ziel zu konzentrieren.
2. Sie genossen den vertraulichen Umgang mit Gott und erlebten wiederholte Zeiten der persönlichen Erneuerung.
3. Sie lebten in den wichtigsten Bereichen des Lebens diszipliniert.
4. Sie waren das ganze Leben lang bereit, Neues zu lernen.
5. Sie hatten ein Netzwerk bedeutungsvoller Beziehungen und verschiedene wichtige Mentoren in ihrem Leben.

DU BIST DEINE ZUKUNFT

5. MOSE 30,19 *Ich nehme Himmel und Erde heute über euch zu Zeugen: Ich habe euch Leben und Tod, Segen und Fluch vorgelegt, damit du das Leben erwählst und am Leben bleibst, du und deine Nachkommen (LUT).*

KAPITEL 10 — *Träume wieder*

Ich schließe dieses Buch mit Kaleb, der zusammen mit Josua das Erbe des Mose weitertrug und sich für den Segen entschieden hatte, den Mose in seiner letzten Rede jedem Einzelnen anbot. Ich bete, dass du sein Erbe weiterträgst und diese Welt für Gott auf den Kopf stellst.

Kaleb war 85 Jahre alt, als er zu Josua ging und ihn um ein Stück Land für sich und seine Familie in Kanaan bat.

Er hatte den Traum, den Gott vor vielen Jahren in sein Herz gepflanzt hatte, nicht aufgegeben. Viele Menschen in seinem Alter würden sich im Lehnstuhl zurücklehnen und an die guten alten Tage denken; aber nicht Kaleb.

Er war up to date und hielt sich in Form. Er erzählte Josua: «Ich bin immer noch so stark wie zu der Zeit, als Gott uns das Land versprochen hatte!»

Kaleb ging zum selben Platz zurück, den er auf der Kundschafter-Tour durchs Land gesehen hatte; zu dem Berg, den die Israeliten aus Furcht vor den Riesen vierzig Jahre zuvor nicht von den Kanaanitern erobert hatten. Er sagte: «Gott, gib mir diesen Berg.» Damit sagte er: «Ich will keinen anderen Platz, um zu leben. Ich habe immer noch diesen Traum in meinem Herzen.»

Interessanterweise verlangte Kaleb kein einfaches Erbe. De facto, der Berg, den er als Heimat wollte, wurde von großen starken Kanaanitern bewohnt. Sicher, er hätte einen weniger befestigten und einfacher zugänglichen Ort finden können, einen Platz, der weniger schwierig zu besetzen gewesen wäre. Aber Kaleb sagte: «Nein, es ist mir egal, wie viele Hindernisse mir im Weg stehen. Gott hat mir dieses Land versprochen. Auch wenn seither vierzig Jahre vergangen sind, ich kämpfe weiter dafür und presche vor. Ich werde weiter glauben, bis sich die Verheißung erfüllt!»

Diese Haltung wünsche ich dir und mir! Wir geben in der heutigen Zeit zu schnell auf, weil wir das Durchhaltevermögen verloren haben.

«Nun, ich wurde nicht befördert, wie ich wollte. Ich glaube, es wird nie geschehen.»

«Mein Mann und ich kommen einfach nicht miteinander aus. Ich denke, es ist vorbei.»

Nein! Geh vorwärts und glaube weiter. Bleibe dran. Du hast die Gaben, die Talente und die Träume. Erlaube der Gleichgültigkeit nicht, dich davon abzuhalten, dass du Gottes Verheißungen in deinem Leben erfüllt siehst.

Träume wieder!

Heute ist der erste Tag vom Rest deines Lebens, und bitte denke daran: Du bist deine Zukunft!

> *Du bist deine Zukunft!*

Vom selben Autor weiterhin erhältlich

Leo Bigger, «Entdecke Gott»

Du bist auf der Suche nach Gott und willst ihn besser kennen lernen? Du hast viele Fragen über den christlichen Glauben, auf die du gerne eine Antwort hättest? Du möchtest deine Beziehung zu Jesus vertiefen und die Bibel für dich entdecken? Dann ist dieses Buch genau das Richtige für dich!

Der Autor und Pastor von ICF Zürich, Leo Bigger, beleuchtet in diesem Buch die wichtigsten Themen des Christseins:

- Wie kann ich ein erfülltes, glückliches Leben führen?
- Welchen Plan hat Gott für mein Leben?
- Wie kann ich mit Gott sprechen?
- Wie soll ich mit meiner Sexualität umgehen?

Neben packend geschriebenen Geschichten, Statements aus Leo Biggers persönlichem Leben und etlichen Erfahrungen von anderen Christen findest du auch viele interessante Fragen zum weiteren Nachdenken.

Festige deine Beziehung mit Gott und lass dich von seiner Liebesbotschaft berühren und verändern!

Zielpublikum: ein junges Publikum, das eine frische, direkte Gangart liebt!

144 Seiten, Paperback
Inhalt zweifarbig
Format 13,0 x 20,5 cm
€ [D] 9.95 / € [A] *10.30 / CHF *16.80
***unverbindliche Preisempfehlung**
Best.Nr. 111.456
ISBN 978-3-7655-1456-2

Brunnen Verlag Basel & ICF Media GmbH, Zürich